《语文知识小丛书》

李延祜 ◎著

YUWEN ZHISHI
QUSHI

语文知识趣事。

山西出版传媒集团　北岳文艺出版社

·太原·

图书在版编目（CIP）数据

语文知识趣事 / 李延祜著. —太原：北岳文艺出版社，2021.1
ISBN 978-7-5378-6336-0

Ⅰ.①语… Ⅱ.①李… Ⅲ.①汉语—基本知识 Ⅳ.①H1

中国版本图书馆CIP数据核字（2020）第246827号

语文知识趣事

李延祜◎著

策　划 韩玉峰	出版发行：山西出版传媒集团·北岳文艺出版社 地址：山西省太原市并州南路57号　邮编：030012 电话：0351-5628696（发行部）　0351-5628688（总编室） 传真：0351-5628680
责任编辑 韩玉峰	经销商：新华书店 印刷装订：山西新华印业有限公司美术印刷分公司
印装监制 郭　勇	开本：787 mm×1092mm　1/32 字数：210千字
书籍设计 张永文	印张：9.75 版次：2021年1月第1版 印次：2021年1月山西第1次印刷 书号：ISBN 978-7-5378-6336-0 定价：49.00元

目 录

辑一 汉字结构的"学问"

- 002　汉字拆字术
- 012　从帝王年号用字测吉凶
- 018　歌谣隐语传信息
- 024　离合体诗的智慧
- 030　以字拟形的描写
- 036　偏旁相同字的组合

辑二 字音巧思

- 040　两字同音,团鱼遭殃

042　铃声的"翻译"
045　《论语》里的燕语
050　"鸟语"杂谈
056　"鸟语"与"人意"
062　同音字造成的阴差阳错
068　诗歌琢句法的假借格

辑三　字形相近多事端

072　字形相近误读笑谈
078　一笔一画当仔细
081　是"丁"是"个"还是"十"
085　"形天"和"刑天"
089　"千里"和"十里"

辑四　数词变幻

092　孔门弟子的年龄组
096　数目字的代称
102　汉语数词的大小写

辑五　词意"官司"

106　规定情景中的词义
109　一词多义趣事

114 杨慎论"瑟瑟"太慎重
117 东道主、南道主、北道主

辑六　弦外之音

120 谐音字与吉凶祸福
129 谐音的幽默作用
137 弦外之音——双关
147 浓缩的典故
152 豆腐店王阿奶的铭旌
157 不着边际的夸张联想

辑七　名讳杂谈

162 怎样避忌帝王名讳
166 避忌帝王名讳的恶果
170 可笑的家讳
175 避忌自己名号

辑八　一字一句贵考量

180 苦吟漫议
187 一字师
191 断了的生物链
193 诗句组合有学问

195　诗情地域应相宜

辑九　胶柱鼓瑟说诗词

198　柳永一首词的功过
200　诗里酒价莫当真
206　诗人眼中的田家乐
210　"夜半钟声"的论争

辑十　诗歌的是是非非

216　"女人祸水"的官司
221　诗人笔下的王昭君
227　《大风歌》的争论
230　"翻案"诗
234　曲解诗意的联想
238　朱元璋抄袭黄巢诗
240　古代"追星族"的盲目
247　"诗谶"的"奥秘"
254　梦中作诗质疑
259　诗歌治病
261　作诗与祸福
266　夺诗杀人疑案
270　诗人的自我推销

辑十一　其他

274　古体诗中复姓者的厄运
277　古人的"双语诗"
280　看不懂的"朦胧诗"和"意识流"
283　从阴晴引出的哲理
286　焚琴煮鹤，啼笑皆非
290　画家和鉴赏家知识要广博
293　汉字的崇拜
296　古代书写用的一些符号

辑一　汉字结构的『学问』

汉字拆字术

文字的产生对人类文明的发展起到了极大的推动作用。因此在中国古代就产生了文字崇拜。于是就有了能预卜吉凶的拆字术。把一个字的各部分拆卸开来,或者对各部分附加上一些偏旁部首,然后加以牵强附会的解释,就可以说福谈祸了。

拆字先生都是知识分子,有的文字知识的修养还挺高,对汉字的结构组成有着广博的知识。只有这样,他们在拆字时才能左右逢源。不论遇到什么字都能拆卸组装,随意敷陈,妄言祸福。

拆字是一种迷信,可是经过拆字者的拆卸组装,对我们了解汉字的结构却不无益处,有时对记忆汉字、理解其意义也有一定作用。同时,还能给我们以智慧的启迪和美的享受。

据说宋朝人谢石很善于拆字。他在一个牌子上写上一千个字,在集市上让不识字的人随便选一个,他就能因字因人而指点迷津。因之名声大振,连皇帝都让他拆字。

有个人的妻子怀孕了，足月了仍不生产。妻子就写了一个"也"字，让他去找谢石。谢石一看就知道是他妻子写的。理由是"焉、哉、乎、也"这些字是语助词，所以这个"也"字是内助写的。他又从"也"字断定其妻三十一岁。因为"也"字上面是三十，下边为一。他又说："先生寄居于此，是不是想搬迁搬迁？"又让他言中了。谢石给他拿主意说："'也'字加水是'池'，有'马'就是'驰'。现在从水路走吧，没有水；从陆路走吧，没有马。这样怎么能搬迁呢？"接着又下断语："你妻子的父母兄弟没有一个活在世上的。因为'也'字加上'人'就是'他'，现在只有'也'而不见'人'，可见他人都不存在了。而且你妻子家的财产也荡然无存了吧！'也'字加'土'就是'地'，现在不见'土'，只见'也'，土地没有了。"这个人说："你说得都对，但是我问的不是这些问题。我担心的是妻子过了预产期而不生。"谢石回答："到十三个月一定会生。'也'字中间是'十'字，两旁是两竖，下面又一画，加起来是十三。"并预言这人的妻子怀的是蛇妖。因为"也"字加"虫"为"虵"（古蛇字）。吃了谢石的药，果然产一大蛇。

谢石从"也"字为语助词开始，利用与"也"字有关的池、驰、他、地、蛇等字推算出了这对夫妻各方面的情况，表现了他文字知识的广博和机灵的头脑。当然，像把"也"字拆成三十一和十三就有些牵强附会了。

遗憾的是谢石能预卜别人吉凶，却不能预见自己的未来。宋高宗请他拆一个"春"字，他说这是"秦头太重，压日无光"。秦头即"夫",压日就是在"日"之上,"日"是代表皇帝的,这是暗喻秦桧专权跋扈。秦桧听到了这件事大怒,就借故把他流放到岭南去。途中由一士卒押送。路上遇到一个会测字的。谢石就写了自己的姓让他拆算。拆字的说:"你也是个术士。"谢石问他怎么知道的。那个人说:"'谢'(謝)字就是寸言中立身。"也就是说在"寸"字和"言"字中间放一个"身"字。从语义讲就是靠三言两语而存身的人,自然就是术士了。谢石又写了名字"石"字让他拆。他说:"这可不是好兆头。石遇到卒字就是碎。现在跟你一起的就是一个卒,这可不妙。不知道他姓什么?"押卒说姓皮。拆字的惨然对谢石说:"石遇到皮就是破,先生你回不去了。"谢石说:"这是命中注定,逃脱不了的。我也是干这一行的,请你也写一个字让我占卜一下你的情况。"拆字的说:"我在这里就是一个字,不用写了。"谢石说:"人立山旁成'仙'字,先生大概是神仙吧?"那个人笑而不答,转眼即逝。强中更有强中手,谢石遇到的确实是神仙。

谢石并不是当面给秦桧拆字而招来灾祸的。有的拆字先生却敢于当面揭露奸佞的野心。南宋贾似道有篡权不轨的异志。他让一个术士给他拆"竒"(奇)字。术士说:"相公之事不谐矣!道立又不可立,道可又立不成。"后边两句话语义双关,用得很巧妙。从语义角度讲是说:"要说自立为帝吧,又不可以;要说可以吧,又立不成。从字的结构讲,则为:说是"立"字吧,"可"字就不完整了;说是"可"字吧,"立"字又不完整了。因为"立"和"可"中间共用一横,这一横只能属于其中一个字。贾似道当时没说话,后来就借故把他流放了,途中又被杀害。

魏忠贤专权时,写一个"囚"字让人拆算,这个人说:"此当国一人也。""国"(國)字大口里的"或"让"人"字代替了,所以如此说。魏忠贤又写了一个"饥"(飢)字让他拆。这个人说:"此不凡之人,然不良之人也。""飢"字右半边为"几",比"凡"字少一点,不是"凡";左边"食"上边是"人",所以说是"不凡之人";"食"下边是"𠃍",比"良"少一撇,不是"良",再加上"𠃍"上边的人,合之为"不良之人"。魏忠贤听了很惊异,就把他打发走了。

大部分以拆字为生的人,多半喜欢给要拆字的人说些吉利话,不然无法混饭吃。

宋代有位皇帝生了病,梦见河里没水了。占卜的人说:"河无水乃'可'字。皇上的病就要好(可)了。"我们不妨假设一下,如果皇帝死了怎么办?他还会有说法,他会说:"河无水,'竭'也,帝将有不测乎?"总之,他会立于不败之地。

一个人在科举放榜前十天梦见有人送给他一片狗肉。术士说:"'状'(狀)字也。"预言要考上状元,人家当然高兴。

有几个书生到京城考试,写一个"贵"字问能否考中。拆字先生说能考中。临走时让其中一位一只眼的人留下。悄悄告诉他:只有你一人能考中。你看"贵"(貴)字拆开来由上到下就是：中一目人。就是说一只眼睛的人能考中。当着大家的面说都能考上，私下里又说只有独眼人能考上。大家都高兴，独目人更感激。

拆字先生有时也很势利眼，看人下菜碟。朱元璋微服出行，写了一个"帛"字，让术士卜吉凶。这位拆字先生大概从某种迹象猜到了眼前这个人是皇帝，立刻跪拜称死罪。朱元璋很惊讶，问他为什么这个样子。他回答："皇头帝脚，必非常人也。"原来"帛"字上部分为"白"字，正是"皇"的头，下面是"巾"字，正是"帝"之脚。所以他断言这不是一般的人。另外一个人也写了"帛"字让他拆，他却说："君必孝服。"你一定要穿孝服了。因为"帛"字分开来是"白巾"，这不是要穿孝吗？

有位书生写了"串"字让拆字先生占卜考试前程。拆字先生告诉他，不但乡试胜利，会试也能高捷。因为"串"字两中，两次都能考中。旁边另一个书生，可能也想讨个吉利，也可能是故意难为拆字先生，他也写了"串"字让他拆。拆字先生说："你不但不能像那位先生那样发迹，而且还要生病。"问他原因，他解释说："他是无心随意地写了一个'串'字，就会像我说的那样连连高中。而你却是有意有心写的'串'字，这样，'串'字下面加上'心'，就是'患'字。"

拆字先生可能认为第二个人是故意刁难他，让他出丑，所以就不客气了。立即用"串"字变成"患"字的办法让他自讨没趣。一个字可以拆出两种完全相反的结果，这就是拆字者的应变才能。而且善于变不利形势为有利形势,你不要想难倒他。他这种能力正是建立在他对汉字知识之上的。

拆字先生确实都有些鬼聪明,很会随机应变,察言观色,在无心交谈中套出你的一些情况。说对了,大吹大擂;说错了,花言巧语地转圜掩饰。

他们善于审时度势,捕捉人们的心理活动,因应时变。南宋初年,皇帝大臣刚刚到了杭州,金人骚扰,人心不定,一片混乱,草木皆兵。当政者找到一位姓周的术士,写了一个"杭"字让他占卜。他说:"我担心会有令人可怕的消息。"因为"杭"字右边一点移到左边"木"字上去,就成了"兀术"二字。果然,不几天就有消息说金兀术南下了。这位周生可谓聪明。他知道当时金宋对立,战火不断,金兀术是宋人心头大患,预言"兀术"二字不祥,肯定早晚会应验,于是就巧妙地把"杭"字一点移了一下位置就成了"兀术"。

关于这一点,明人郑瑄在《昨非庵日纂》中说的一段话,很耐人寻味:

> 宋临安御街,士大夫必游之地,术士取焉,皆有厚获。数十年后,向之行术者多不验。而后进每奇中。有老于谈命者,讶而询焉。后进曰:"向贵人命,得禄贵生旺足矣。今必多带刑杀冲击,方是贵人。汝不见今日在位者,谁不日以杀人为事。汝术所以不验也。"老者叹服而去。

南宋初年，随宋室南迁的多是旧臣，是从太平盛世过来的人，是文官治国。达官贵人多半是钱多、位高、生活富足的文官。老术士按这一情况占卜，自然能算得准，发了财。后来，南宋与金元多年来一直兵戎相见，且半壁江山，花天酒地，加重了对百姓的盘剥，内部矛盾尖锐。这时主要靠武力维持政权。因之攻伐杀戮有功的武将酷吏才可以得到高官厚禄。后进术士眼光敏锐，洞察形势的变化，因之"言多奇中"。而老术士不察皇帝用人条件、将相升迁的途径发生变化这一客观事实，仍按老皇历占卜，势必推算有误。后进者向我们揭露了占卜者的秘密。他们社会学的修养不错。

另外，汉字本身的多义、结构的巧妙、偏旁部首的增删等又给拆字先生提供了左右逢源的余地。前面提到的也、串、帛都是很好的例证。又比如"解"字，不同的人利用这一个字就拆出不同的结果。一个做官的人拆这个字，后来就做了解州的地方官。一个举子拆这个字，结果他考上了解元。无赖流氓拆这个字，预言要被屠刀杀死。因为"解"字分解开来就是：牛角刀。

一个姓汪的人自己会拆字，科举考试之后却向清文学家周亮工问吉凶。他只写一个点，说："我是一等一名吧？"周亮工说："一等是有希望的，但是不可能在前列。"周的一位朋友说："点乃是'文'字之首，怎么不是前列呢？"发榜后果然是一等的最后一名。周亮工这时才解释说："你只知道一点是'文'字之首，不知道一点居于'等'字的最后啊。""点"在"等"字中是最后一画，当然名列一等的最后一名。

一"点"给拆字提供了完全相反的解释,正如"串""帛"一样。

如果一个汉字一时实在想不起来如何占卜,拆字先生还有其他办法。一位退休的小官吏在家闲居,有一天写了一个"休"字让人拆算。拆字的把纸反过来一照,忽然发现"休"字原来是一个"兵"字。这是怎么回事呢?作者没有解释。原来"休"的笔画如果稍作变化延伸,就可以写成兵,把纸反过来一看就是一个"兵"字。果然,不久朝鲜发生战争,这位退休的官员被重新起用,做了少司马,应了"兵"字之兆。正面的"休"字一时不知如何解释,灵机一动把纸反过来看,先把"休"字放倒再做道理,不料真的柳暗花明,为拆字者解了围。

有些字实在不好拆,他还可以借物成字,或者扯得远一点,采取迂回战术,然后再向客人要求问的事情上靠拢。有位皇帝在地上写了一个"一"字。拆字先生就知道他是皇帝。在地上写字就是在"土"写字,"土"上写一"一"字不就是"王"吗?此谓借物成字,借"土"成"王"。有人指飞鸟问吉凶,术士说:"尊夫人生病了。"因为鸟是禽,"禽"是由内、人、卤(凶)三字组成,故知你妻子生病。术士开始不言鸟,从鸟扯到禽,就给自己拓宽了拆字的领域。鸟字不好拆就拆禽字,如果禽字不好拆,他还可以扯到与鸟有关的其他字上去,与鸟有关的字多着呢,总会有生机。这是一种迂回战术。

《志异续编》里的测字故事可做例证:

尝见一测字者灵验异常。有三少年至，拈一"鸿"字为问。问何用，少年曰："我等皆系去看戏者，未知今日演何戏，故来问耳。"测字者曰："《佛殿》。"少年曰："如非此戏若何？"曰："是《佛殿》加倍谢；不是《佛殿》愿毁招牌。"众少年去，未久复来曰："戏虽是《佛殿》，但须说得有理，方加倍奉谢。"测字者曰："'鸿'字三点水，添'去'字为法聪之法。'工'字添'系'字为红娘之红。'鸟'字添'艹'头为莺莺之'莺'。非《佛殿》而何？"众少年哗曰："张生何在？"测字者曰："三点水添'各'字为洛阳之'洛'，'洛阳才子'岂非张君瑞乎？"众曰："字虽拆得不差，然亦只是将本字拆开，勉强凑成几字，幸而说中，究无深义。"测字者曰："测字不外理、数二字。虽是就字说理，而所重却在机，所谓数也。"众曰："机何在？"曰："公等拈字之时我正将字拆开，适有人担水经过，口中应人曰：'听明白了。'忙迫而去。所以于'水'旁添'去'为'法'字。曰：'听明白'非'聪'乎？故知为'法聪'。又见店内工人，一手携一小女，一手握丝一束来，所以于'工'旁添'系'为'红'字。小女非'良女'乎？故知为红娘。又见门上插三炷香，一熄二燃，门上二火，非'艹'头乎？所以于鸟上添'艹'为'莺'（鸎）字。时适有二雀飞过，故知为'莺莺'。又见公等三人，皆脱帽露顶。公等客也，三客去帽，非三'各'乎，所以于三点旁添'各'为'洛'字。时太阳正照三公,故知为'洛阳'。张生,洛阳人,非张生而何?既是字中应有之义,复有机应之,乃数之所在,故灵也。"众始叹服,置谢金去。

我们且不去判断测字者到底是"幸而说中",还是事先已经知道上演何剧。就他的机辩来说不能不令人叹服。一个"鸿"字居然分成三部分,推测出法聪、红娘、莺莺、张生四个人来,因而判定上演的是《西厢记》的《佛殿》。他自己说所以能如此,是在一个"机"字。在他看来"机"就是一种神秘的暗示启发,就是天机。今天,在我们看来,实际就是触景联想随机应变的能力和机智。没有这样一点是不能拆字的。

古籍中记载不少拆字言中的故事。首先是因为这些故事都是由相信拆字术的人筛选出来的,是为说明神道不诬服务的。其次,以测字为生者很有些小聪明,善于见风转舵,审时度势,善于运用模糊语言,进退有据。最后,好些这类故事都是"马后炮",以后事证前言。比如一些皇帝年号,往往用后来的事件到前边年号用字中去发现先兆,说明在此之前早有预示,不过没有被人注意而已。还有一种情况,那就是偶然性,瞎猫碰上了死耗子。拆字的那么多,偶尔言中一二也是情理之中的事。何况术士又很善于在闲谈中从问疑者口里套出一些情况呢。

从帝王年号用字测吉凶

在汉武帝以前帝王没有年号。历史上记载战国时魏惠王在位三十六年的时候又改作后元。秦惠文王十四年的时候改作更元。"元"在这里是第一的意思,大概帝王们要长寿,于是把过去的岁月都一笔抹去,要重新从第一年开始。所以就"后元""更元"起来,好像他又是初登大位,一切刚刚开始,似乎又年轻了。无非取个好兆头,实在是自欺欺人。

汉文帝时用了后元,景帝又用了中元、后元。终究也不过是年代的划分而已。到了汉武帝就开始有了年号,他在位五十三年,换了十一年号。

年号的更换,除了延续以前的希望长寿的意义外。有时又因天下出现了什么吉庆祥瑞,为了祝贺或者要把吉兆巩固下来,就改一下年号。要不就是出现了灾异或者大事件,为了化凶为吉改个年号,使之成为命运的转折点。当然还会有其他原因。但总之是要希望国泰民安,祈祷国运昌盛的。这样年号的取字便大有讲究。帝王的想法既然一致,年号就不免重复,比如建平这个年号将近十个皇帝用过,建武有七人用过。重复两三次的就更多。

年号本来是取其吉祥找个好兆头的。但是客观规律和事实却不能因一个人的年号而改变。于是就出现了年号反而成了凶险预兆的事。一些人在拆字术上大下功夫，找出因果来。

南朝梁豫章王萧栋被侯景立为帝，时在551年，仅两个月就让侯景废了。552年武陵王萧纪在四川称帝，不到一年兵败被杀。事有凑巧，当时萧栋、萧纪都用了"天正"年号。后人就说了："天"字是二人，"正"字是一止。两人都用"天正"，就是说"二人一止"，两个人都是一年就结束。

后梁最后一位皇帝萧琮于585年即位，次年改年号为广运。在位两年，就被隋逼迫召入京师，封为莒国公。五代十国时期后晋的晋出帝石重贵在944年改年号为开运。结果下场与前者相同，被契丹收拾了。两人年号都有"运"字。有人就解释了："'运'（運）之为字，'军'（軍）走也，吾君当为军所走乎？"繁体運字是由軍和偏旁"辶"（走）组成的。所以说用了"运"字，就预示着将被武力胁迫而走。

北宋徽宗有年号宣和。有人就说这是"一家有二日"，一个家里有两个日头（皇帝）。因为"宣"字是"家"字头，下面是"二日"。果然北宋就有徽、钦二帝同时且一起被金胁迫到北方的事。

宋仁宗年号有天圣、明道，有人就说这是因母后临朝，取年号有取悦的目的，即"二人圣""二圣人""日月同道""日月同时"的意思。果真如此，那么，这里年号的目的，就不是为了取什么好兆头了，而是为了调节内部关系。

北朝北齐齐后主高纬在位十二年，降北周，后来遇害。他最后的年号为隆化。当时的人就离合他的年号隆化二字是"降死"。把"隆"字的最后一横放在"化"字头上就很像"死"字。过去之字都是竖写的更容易连起来，意思是"降"周而后"死"。

宋太宗有一个年号四个字：太平兴国，应该说够吉祥的。可是有人说"太平"二字是一人六十卒。"太平"二字竖写起来，把"太"字的最后一点点到"平"字上面，不正好是"一人六十"吗？事有凑巧，宋太宗赵光义正好活了五十九岁。

也有改名字改坏了的。五代十国后梁的末帝初名朱友贞，后来改名瑱。在位十一年，让后唐灭了，死的时候是十月九日。后来有人就分析这个"瑱"字，原来是"一十一十月一八"，"一、八"相加是九，这样正好是朱瑱在位的年数和死的日期：在位一十一年，十月九日死。

有的解释得实在牵强，北宋最后一位皇帝钦宗赵桓年号靖康，后来他和宋徽宗赵佶二人都被金人掳走了，众臣就拥戴赵构为帝。并且说赵构原来就封作了康王，钦宗是在十二月登的基，差不多一年（十二个月）又去了北方。"靖康"就是"立十二月康"或"十二月立康"。看来十二月之后国家应当立康为帝，再者康也可以解释为国家自此要兴旺康复了。所以是"高宗（赵构）中兴"之兆（《容斋续笔》）。但是他们回避了一个问题，正是钦宗取了靖康的年号这一年，徽宗、钦宗二人同时被掳这一奇耻大辱的事实。还是岳飞在

《满江红》里说得对："靖康耻，犹未雪，臣子恨，何时灭？"靖康是国之大耻。从此南宋偏安一隅，不图恢复，只把杭州当作了汴州，哪有什么"康""中兴"可言呢？这种"靖康"的解释实在是自我安慰。

还有人是用字音来解释年号吉凶的。金卫绍王完颜永济称帝时，连用的三个年号是大安、崇庆、至宁。本来都够吉祥的。可是有人把三个年号的第一个字连起来了，就成了"大崇至"，"崇"与"虫"音同，就是"大虫至"，"大虫"就是虎，再推衍就是"老虎至"。于是不久就发生了胡沙虎事变。"虎"真的来了。

880年唐僖宗改年号为广（廣）明，当时黄巢建了齐，针对广明年号，就发了议论："唐帝知朕起义，改元广明。以文字言之，唐已天分矣。唐去'丑''口'而安'黄'，天意令黄在唐下，乃黄家日月也。"唐字去了"丑、口"只剩下"广"，加上黄字就是繁体的"广"（廣）。将"明"再分开来，就是"日""月"。连起来不就是"黄家日月"（黄家天下）了吗？"天意令黄在唐下"，也就是天的意志是让姓黄的接续唐朝。黄巢利用年号大做文章，以号召天下，在当时恐怕还是有作用的。

根据《辞海》统计中国古代史上不算重复的年号将近六百个。拆字的文人幸而言中一二也是难免的，但大部分是事后诸葛亮。这么多年号，拆来拆去以显示其效应并不难。何况汉字拆开来会有多种意义、多种理解。总能找到与之相关的史实加以验证。这么一来，似乎真有纬谶预兆可寻了。

对于神道之说，中国早就宣扬"诚则灵"，相反呢？一般就不提了，应该是不诚则不灵。对年号问题也有类似情况。北朝的高洋建立了齐朝，取年号天保。有人就拆字："天"字是"一大"，"保"是人、只、十，连起来是"一大人只十"，预言他只能做十年皇帝。又有民谣说："马子入石宝，三千六百日。"高洋是午年生，午与十二生肖中的马是对应的，所以说"马子"。整个民谣意思是：三千六百日高洋死（入石室），也就是十年高洋死。他又去问泰山道士自己能做几年天子，道士说三十年。高洋对李后说："十年十月十日，得非三十乎？吾甚畏之。"大概高洋听到了人们对他年号的谶语和民谣，怀疑可能只有十年皇帝好做，于是就到泰山道士那里验证一下。道士却说三十年。他不太相信，因为和十年相差太多了。就琢磨如何和"十年"对上口径。就猜想大概是十年十月十日死。这么一解释果真跟前面的说法吻合了。三种说法都证明只是十年帝位。无怪他"吾甚畏之"了。高洋的精神负担这么重，相信第十年会死去，自然疑神疑鬼，在死亡的阴影下忧心如焚地度日，到了第十个年头不死才怪。

在《志异续编》里记载这样一个故事：有一位老和尚，夜里下台阶，踩了一个东西，唧然有声，他以为是一只青蛙被他误杀了。和尚是不能杀生的。果然，夜里做梦有无数青蛙咬他的脚和衣服。他以为是青蛙来索命，惊恐不安，喊徒弟快去佛前忏悔。一会儿，老和尚发起了高烧，又喊徒弟煮茶解渴。他认为这是青蛙作祟，一夜不得安宁。到了天亮，小和尚看到台阶下面有一个踩扁榨干的茄子,才知道昨天晚上师父认为踏死的青蛙原来是一只茄子。拿着这只茄子让老和尚一看,老和尚笑了,浑身清凉,也不发烧了,一跃而起,病全好了。

由这个故事可以推想,高洋不是病死的,完全是让"吾甚畏之"吓死的,所以果然"及期而崩"。这次可真的"诚则灵"了。这样反过来,不又向人们证明了预兆的灵验吗?有些年号和拆字有灵验,也是由这种"马后炮"的解释才成立的。

高洋死后三年,南朝后梁明帝萧岿也取号天保。他却在位二十四年。同是一个"天保",寿命如此不同,这怎么解释呢?也有人找出了理由:后梁国家太小了,吉祥祸福的预兆轮不到它那儿。意思是上天只能安排大国皇帝的事,对小国的命运无暇顾及,所以同样用了"天保",却让他钻空子多活了十多年。年号预卜吉凶灵与不灵,信奉者总有话说。

歌谣隐语传信息

封建社会，人民群众要反抗压迫，反抗暴政，号召大家起来斗争之前，往往要做些舆论准备，为了逃避当局的镇压；舆论的宣传要讲究点斗争艺术，于是就用隐语、离合体的谣谚、诗歌做掩护。

东汉末年董卓擅权，民不聊生，人民恨之入骨，于是就有离合体民谣流传：

千里草，何青青。
十日卜，犹不生。

"千里草"为"董"字，"十日卜"为"卓"字，意谓董卓一时淫威逼人——何青青，但是好景不长，终究要枯死——犹不生。

《水浒传》里有童谣：

耗国因家木，刀兵点水工。

纵横三十六，播乱在山东。

前两句隐含"宋江"二字，后两句暗示以宋江为首的三十六人要在山东造反。

唐朝黄巢起义后，诗人皮日休参加了，并做了翰林学士，据《悦生随抄》记载，黄巢曾让他作"谶词"（迷信色彩的预言）。皮日休是这样写的：

欲知圣人姓，田八二十一。
欲知圣人名，果头三屈律。

二、四两句就是"黄巢"的离合体。这就是有意制造舆论：天下将属圣人黄巢，造成一种天命所归的强烈印象。

在政治斗争中，也用上了离合体诗。

东晋十六国时后燕的小皇帝慕容熙即位不久，就有童谣流传：

一束藁，两头燃，
秃头小，来灭燕。

407年高句丽人高云杀了慕容熙建立了北燕。原来这首歌谣就是这件事的舆论准备。"一束藁，两头燃"，就是"藁"字上边去了草字头，下边去了禾字脚，中间只剩一个高字。高云小名秃头，故为"秃头小"。童谣含义很清楚，高云要灭燕国。看来这也是事先高云让人编好传唱,宣扬天命的。具有讽刺意味的是,北燕仅仅存在了两年,409年高云就被汉人冯跋杀死了,这个"天命所归"未免太短。(事引自《字触》)

据《会稽录》记载,武则天当政时,徐敬业、骆宾王等在策划反武则天的时候,希望拉当时任中书令的裴炎参加。于是骆宾王就编了一首童谣,把裴炎的名字隐含于内:

一片火,
两片火,
绯衣小儿当殿坐。

写好后让裴炎村上的和长安市上的儿童到处传唱。裴炎听到后,让骆宾王解释童谣。骆宾王装糊涂,一言不发。裴炎就拿出古代忠臣烈士图来让他看,骆宾王看到司马炎像时,赞叹:"此英雄丈夫也!"并讲了大臣执政,可以改换社稷的事。司马炎曾做过魏国宰相,后来灭魏自立建立了晋朝。裴炎和司马炎同名。职务相类,有意启发裴炎效法司马炎。裴炎心领神会。骆宾王假作不知道童谣的事。等裴炎告诉他以后,他立即北面而拜,说:"此真人矣。"因之裴炎也就相信了童言无忌的运数。同意做徐敬业等人在扬州起兵讨武后的内应。

裴炎给徐敬业写了一封信,只有"青鹅"两个字。有人告诉了武则天,当时大臣们都不了解什么意思。武则天却看出来了，她说："青者，十二月；鹅者，我自与也。"十、二、月组成"青"字。"鹅"字繁体为"鵝"，其中"鸟"（鳥）字分解为"自""与"。我、自、与即"鵝"字。意思是，十二月举事，我自然参与。

北宋王安石任宰相时，曾变法革新，推行青苗法，遭到了一些人的激烈反对。有人就在开封相国寺墙上写了一首诗：

终岁荒芜湖浦焦，贫女戴笠落柘条。
阿侬去家京洛遥，心惊寇盗来攻剽。

"终岁"就是十二月，合之为"青"。"荒芜"就是草田，合之为"苗"。

"湖浦焦"就是水（氵）去了，合之则为"法"。

"贫女戴笠"，"宀"形如笠，女头上戴笠（宀），就是"安"。"落柘条"，就是柘的树枝（木）落了，也就只剩下"石"。

"阿侬"，是吴语，也就是吴言。吴、言合之为"误"。"京洛"，是首都的代称，也可以称国，所以"京洛"就是"国"。

"心惊寇盗"，就是侵害百姓，古汉语可谓"贼民"。

这首诗"翻译"组装之后，就是九个字："青苗法安石误国贼民。"

诗作者对王安石变法的仇恨可谓刻骨铭心，不惜拿出王婆骂街的手段，但又不敢明目张胆地干，只好用隐语诗在角落里发泄仇恨。《枫窗小牍》里说，当时人们都认为这是一首兵荒马乱的年月妻子怀念丈夫的诗。王安石被罢去宰相后，苏轼才解出了诗的含意。

唐人李公佐的《谢小娥传》里写了一个解开梦中离合字，为父亲、丈夫报仇的故事。

谢小娥的父亲和丈夫经商，在船上被盗贼杀死，小娥落水为人所救。梦见父亲告诉她："杀我者，车中猴，门东草。"几天后又梦见丈夫告诉她："杀我者，禾中走，一日夫。"

她广求天下智者，都解不开这几句话。后来遇到了李公佐，终于解开了隐语的谜底。李公佐说："杀汝父是申兰（蘭），杀汝夫是申春。且'车（車）中猴'：'车'字去上下各一画，是'申'字，又申属猴，故曰'车中猴'。'草'下有'门'，门中有'东'，乃'兰'字也。又'禾中走'是穿田过，亦是'申'字也。'一日夫'者，'夫'上更一画，下有'日'，是'春'字也。杀汝父是申兰，杀汝夫是申春，足可明矣。"后来谢小娥女扮男装访得申氏兄弟，报了杀父杀夫之仇。

这是小说，事近荒诞。然而冤魂在梦中还不敢把凶手的名字直接告诉亲人，可见江洋大盗在人们心目中的凶残可怕。这里的离合体字谜既加强了故事引人入胜，又成了故事主人公破案复仇的线索。

《青琐摭遗》里有一个故事。广州都押衙崔庆成为皇家置办药材到了皇华驿舍。夜里见到一位妇女，扔给他一个纸条，上面写着："川中狗，百姓眼，妈扑儿，御厨饭。"并告诉他回行辕后她再来。崔庆成害怕，换了地方住宿。结果妇人还找来了，问他二人能不能相爱，懂不懂字条上十二个字的意思，崔不说话也不饮酒。这位女子认为崔不是风流多情的人物，白生了一副好模样。于是就作了两首诗挖苦他："掷纸于地，灯火俱灭。"原来这是一位多情的女鬼。

"川中狗"就是四川犬，也就是蜀犬，合而为"獨"（独）字；"百姓眼"就是民目，合之为"眠"字；"妈扑儿"就是爪子（用手抓儿子），"爪"和"瓜"相近，也就成了"瓜子"，合而为一个"孤"字；"御厨饭"是官食，合而为一个"馆"字。

四句话串起来就是：独眠孤馆。

多情的女鬼本来想用这四句隐语暗示二人可以相互陪伴，密约幽会，没想到遇见的是一个银样镴枪头。女子成了泉下人，仍不能忘情于人间爱情生活。做了女鬼仍然保持着女人的羞涩，不敢直抒其情，只能用离合体的字谜暗达情意，足见封建礼教在人们心灵上烙印之深。

离合体诗的智慧

过去有一种离合体诗,就是说把字分解开来用诗句表达,读者再组合起来,猜出其中含意。《玉台新咏》里就有一首古诗:

稿砧今何在?山上复有山。
何当大刀头,破镜飞上天。

古人犯罪,席稿伏于砧板之上,引颈就戮。凶器是铁(斧),"铁"与"夫"同音,于是"稿砧"就引申为"丈夫"。山上复有山是"出"字。"大刀头"就是刀的顶端,也就是刀把,刀把顶端有环,"环"与"还"同音。"大刀头"就表示"还"的意思。古人经常以镜比月,既是破镜在天,就是半个月亮——半月。"半月"有双关意:一是半个月亮;一是半个月十五天。全诗合起来就是:丈夫出门了,半个月才回来(还)。

《世说新语·捷悟》记载一个故事。曹操和杨修看到曹娥碑背后有"黄绢幼妇,外孙齑臼"八个字。杨修当时就理解其含意了。曹操三十里后才悟出奥妙来。这就是二人智商的差别。杨修是这样解释的:

> 黄绢,色丝也,于字为"绝"。幼妇,少女也,于字为"妙"。外孙,女子也,于字为"好"。齑臼,受辛也,于字为"辞"。

这里说的"外孙,女子也",意思是外孙是女儿的孩子。"齑臼"就是粉碎调料的石臼或铁臼。"受辛"就是盛放姜蒜等使之粉碎,繁体字"辭",左边从"受",右边从"辛"。"黄绢幼妇,外孙齑臼"八个字的谜底就是:绝妙好辞,是称赞曹娥婢文写得好。

汉太尉许馘的墓碑,年久失修,字迹漫漶,他的子孙又重新立石。在碑上新刻了八个字:"谈马砺毕,主田数七。"后来被人解开了:谈马,"许"字。砺毕(畢),"碑"字。主田,"重"字。数七,"立"字。合起来是"许碑重立"。"谈"字取"言"字旁,生肖"马"在十二地支中配的是"午","言""午"相加为"许"。"砺"取其"石","畢""卑"相近,互代。"石""畢"相加为"碑"。"重"字分解,中间是"田",上下相连为"主"。"六"加"一"为"七",上下连写就是"立"。组成了"许碑重立"四字。

据说孔融也作过这种文字游戏。孔融作过一篇四言:

渔父屈节，水潜匿方；与时进止，出寺弛张。吕公矶钓，阖口渭旁；九域有圣，无土不王。好是正直，女固子藏；海外有截，隼逝鹰扬。六翮将奋，羽仪未彰；龙蛇之蛰，俾它可忘。玟璇隐曜，美玉韬光。无名无誉，放言深藏；按辔安行，谁谓路长。

第一句有"渔"字，第二句"水潜"，意即水字旁的三点水潜藏不见，"渔"去三点水即为"鱼"字。第三句有"时（時）"字，第四句有"出寺"，即"寺"字从"时"字中排出，"时"就只剩下"日"字。前四句合起来就是"鱼"加"日"为"鲁"字。以此类推，这二十二句四言诗就是"鲁国孔融文举"八个字。

《越绝书》是东汉袁康写的历史书。书中有这么几句诗：

以去为姓，得衣乃成。厥名有米，复之以庚。禹来东征，死葬其乡。不直自斥，托类自明。

"袁"字省写作"袁"，过去从"衣"部（现在从"土"）。前两句"去"加"衣"即是"袁"字。篆字"庚"作"庚"，"康"字作"康"，所以说："厥名有米"，上面用"庚"字覆盖。五、六两句是说大禹死在我的家乡，也就是浙江会稽。后两句是说，不必直说，后人自然明白我是谁。这首四言诗就是点明了《越绝书》的作者是会稽袁康。

这种离合体写得较好的是明人袁舜臣,他曾参加隆庆辛未会试,写了这样一首离合体诗:

六经蕴藉胸中久,一剑十年磨在手。
杏花头上一枝横,恐泄天机莫露口。
一点累累大如斗,掩却半床何所有?
完名直待挂冠归,本来面目君知否?

第一句取"六",第二句取"一""十",合之为"辛"。第三、四句是说:"杏"字头上加一横,下边去掉口,这就是"未"字。第五句取"、"(一点)取"大",合之为"犬"。第六句取"半床(牀)"即"爿","爿"加"犬"则为"狀"(状)字。第七句取"完"字"挂冠"(不要上面的冠),也就是去掉"宀",为"元"字。全诗合起来就是"辛未状元"。

这首离合体诗好就好在,既要暗含"辛未状元"四个字,又要符合书生考试的情景。诗写得有气魄,胸有成竹,功名唾手可得。"槁砧今何在""黄绢幼妇""谈马砺毕"等谜底倒也很切,但是从词句意义来看,上下文并不连贯,没有必然联系。孔融的四言有些地方解起来也比较勉强,较之袁舜臣这一首应当说都稍逊一筹。

有的人还利用离合体嘲讽别人。唐朝时有一个人去访问僧人,僧拒绝不见,这人很恼火,就在门上写了四句诗:

> 龛龙去东海，时日隐西斜。
> 敬文今不在，碎石入流沙。

这首诗如果按五言上二下三的读法就看不出问题，如果按上一下四读，就会给我们以启发。

> 龛，龙去东海，时，日隐西斜。
> 敬，文今不在，碎，石入流沙。

如此，则"龛"只剩"合"，"时"只剩"寺"（繁体"时"为"時"），"敬"只剩"苟"，"碎"只剩"卒"。合之则为"合寺苟卒"。这位访僧的客人吃了闭门羹，于是就用这种方法报复。（见《全唐诗话》）

明江盈科的《雪涛谐史》中载，四明有一个丰坊翰林，号南禺，很有口才。有一个宁波县令派一个小吏向南禺要药方。南禺就开了药方：

> 大枫子去了仁，无花果多半边。
> 地骨皮用三粒，史君子加一颗。

这位县令马上发现了南禺是嘲笑他们，说："以上四语，谓一伙滑吏耳。"

这里大枫子、无花果、地骨皮、史君子是四味药。第一句是"大"去"仁"（"人"与同音），为"一"字。第二句

"果""多"各为半边，加在一起是"夥"字。第三句"骨"加三点（粒）是"滑"字。第四句"史"加"一"为"吏"字。合之，当然就是：一伙（夥）滑吏。

离合体诗是一种文字游戏，也是字谜的一种，但是它要比单个的字谜困难。因为要把谜底连成句。这种离合体诗能给人以智慧的启迪和美的愉悦。作者要有丰富的文史知识、文字知识和百科知识，先把汉字零件卸拆开来，然后再让读者组装起来，对我们了解汉字结构和诱发初学汉语的人的兴趣不无好处。

以字拟形的描写

鲁迅在《阿长与〈山海经〉》一文中曾谈到他家的一个女用人长妈:

> 一到夏天,睡觉时,她又伸开两脚两手,在床中间摆成一个"大"字,挤得我没有余地翻身,久睡在一角的席子上,又已经烤得那么热。推她呢,不动;叫她呢,也不闻。

鲁迅的母亲听了鲁迅的诉苦后,曾暗示过长妈。

> 她不开口。但到夜里,我热得醒来的时候,却仍然看见满床摆着一个"大"字,一条臂膊还搁在我的颈子上。我想,这实在是无法可想了。

"大"字,鲁迅先生在这里用了它的象形。"在床中间摆成一个'大'字","满床摆着一个'大'字"。这样一个

"大"字形的人体就活灵活现地摆在读者面前。仰卧朝上,两臂平伸,两腿分开,睡得何等放松自在,何等香甜,一个"大"字省去多少笔墨。

利用汉字象形的特点,人们常常用来代替人体形态或姿势。在相声中就曾有过摆姿势猜汉字的。双臂平伸,叉开两腿为"大"字。双臂平伸,两腿并拢为"十"字。双臂平伸,立一足,抬一腿为"才"字。"大"字姿势也可以解释为"尖"字。上面的"小"字由头和两耳组成。也有把"十"字姿势解释作"早"字的,上面的"曰"是表示张口见舌。两腿并拢,两手叉腰又是一个"中"字。

人的两腿不直,有"内八字""外八字"。走路稳重有风度犹如舞台须生书生走台步,就形容谓之"八字步"。某些戏曲角色站在舞台上两脚成垂直方向摆放,谓之"丁字步"。时装模特儿走起来是"一字步"。另外还有:一字摆开、丁字路口、丁字尺、十字路口、十字街头、十字架、十字大绑、工字楼、工字钢、田字格、米字格,大雁飞翔又摆成"人"字形。

对人的面部描写,在文艺作品或口语中利用汉字形象的也常有。长方形的脸庞,就称之为"同字脸""国字脸",眉毛有"八字眉",胡子有"八字胡"。

西方文字字母传入中国后,于是在中国又出现了"O形腿""X形腿"(即"内八字""外八字")。形容女性身材又有了"S"形。

在中国古代以字拟形的用法早就有了。

唐人孟棨在《本事诗》里就写了一个故事:

国初长孙太尉,见欧阳率更姿形么陋,嘲之曰:
"耸膊成山字,埋肩畏出头。谁言麟阁上,画此一猕猴?"

欧阳率更短颈耸肩像猴子,玩笑开得过火,但用一个"山"字状其形态还是很形象的。

《太平广记》里有一首描写弯腰驼背人的诗:

拄杖欲似乃,播笏便似及,
逆风荡雨行,面干顶额湿。
著衣床上坐,肚缓脊皮急。
城门尔许高,故自匍匐入。

嘲笑人的生理缺陷或者老年人是不礼貌,是对人格的侮辱,不可取。但就汉字拟形来说倒也确切。"了"是曲背弓腰者的形态,"丿"是拄的拐杖。而"及"字就是弯腰弓身持笏言事的形象了。

欧阳修的《归田录》里有这样一则故事。晏殊幕下有两个人:王琪、张亢。张亢个大体胖,王琪把他看作牛。王琪骨瘦如柴,张亢把他看作猴。王琪嘲笑张亢:"张亢触墙成'八'字。"张亢立即回敬:"王琪望月叫三声。"王琪把张亢比作牛,两只角触到墙上自然就是一个"八"字。玩笑倒也含蓄形象。

　　一个人的形态姿势可以用汉字来模拟。还有的几个人在一起也可以组成一个字。当然，这里不是大型团体操的组字。《履园丛话》中记了这样一件事。江苏崇明有三个人是好朋友。张南溪身高八尺，是个大个子。王铁夫、沈芷生长得短小。三个人在街上一起走，王在前，张在中间，沈在后，自然形成了中间高，前后低的情景。于是人们把他们看作"小"字。后来沈芷中了解元离开了，这样"小"字就少了一点，人们又把张南溪和王铁夫看作"卜"字；及至王铁夫也去召试举人，只剩下张南溪一个人了，就成"一"字了。

　　有一位铁匠发了家，同乡人为他的居室命名。有人就题作"酉斋"。大家不解其意。他解释道："横看是个风箱，竖看是个铁墩（铁砧）""酉"字横看不论是从外观到内部构造都酷似一只风箱。"酉"字竖看形似工，很像铁砧。风箱、铁砧二者都是铁匠必备的工具。一个"酉"字暗示着铁匠暴富前的家世。（见《坚瓠集》）

　　无独有偶，一个皮匠发了横财，造起房子让人题匾。人家给他写了"甲乙堂"。皮匠很高兴。岂不知，原来"甲"字是皮匠锥子的象形，上大下尖，上面是锥子把，下面是锥子针。"乙"字是皮匠刀子的形象。上面一横是刀把，下面弯钩是刀刃。甲、乙二字泄露了皮匠本行祖业。与"酉"字异曲同工。（引自《笑笑录》）

　　此外，还有用汉字象形比拟其他事物的。宋人蔡天启有两句诗:"叠嶂巧分'丁'字水,腊梅迟见二年花。"第一句是说河水或瀑布遇到山峰分道而流,一股变两股,像是一个"丁"字。这个"丁"字用得就很恰当而简练。

唐人有诗"杜魄呼名语,巴江学字流"。宋之问有"蜀门峰势断,巴字水形连"。杜佑《通典》"巴山"条记载:"古捍关,楚肃王拒蜀处。今县北有山,曲折似'巴'字,因以为名。"《三巴记》:"阆白二水东南流,曲折三回如'巴'字。"这些诗文状江和水的形态都用了一个"巴"字。既然说"曲折三回",大概用的是篆书巴字,也就是"ㄎ"。

形容道路盘旋曲折,则有"之"字路。唐人方干就有"路寻'之'字见禅关"的诗句。五代刘昭禹也有"'之'字上危峰"。至今"之字路"还在用。有时在政治上走了弯路,政策上有失误,还用走了一段"之字路"来形容。

另外,还有"之"字手杖。明高濂《遵生八笺》中记载:"竹杖有以之字竹、方竹、老竹鞭为之者,亦雅。"清人俞樾引用了这句话后说:之字竹现在看不到了,听说焦山的竹根自然三曲,可以做手杖,可能就是之字竹。他曾得过三根。(《茶香室丛钞》)

中国的盆景,元朝时叫"些字景"。大概也是取的"些"字的字形。上大下小,上面"此"字笔画横竖错综,犹如枝繁叶茂的树木花卉,下面两横笔画简单就像盆景底座。

清陈敱贞有词:"见他竹影横窗,疏疏密密,总写着'个''人'两字。"人称"竹影诗人"。(《两般秋雨盦随笔》)中国国画点竹叶有"个"字形、"人"字形、"介"字形。这里用"个""人"描写窗上竹影极为逼真生动。

此外,还有用字形比拟动物形象的。宋宗室有一人爱作诗,"鄙俚可笑"。作过一首《即事》诗,其中有两句:"蛙翻白'出'阔,蚓死紫'之'长。"自己解释说:"有死蛙翻腹似'出'字,死蚓如'之'字。"诗虽蹩脚,观察倒还真切。(《坚瓠集》)

汉字本来有的就是象形字,几经演变已经看不出它的原形了。有些本来不是象形的,人们却又发现了它可利用的形。于是在口语中在文学作品中就有了以字形状物态的运用。这种方法言简意赅。多少话,多少笔墨交代不清的事物,一个形象的汉字就能解决问题。在听者读者脑海中会立即跳出那个汉字的形象,一下子就全明白了。

以字拟形,一要注意字形与所要比拟的事物确实相像,必须确切;二要注意所用汉字必须通俗常见。比如有人用过"同字脸""国字脸",而没人用过"囝字脸",也不会用"圆字脸"。前者"囝"字不多见,以声难断是何字,后者"圆",容易误解为圆脸而不是方脸。

偏旁相同字的组合

宋人刘攽《中山诗话》里有这样一件事：有一个进士和人一起行酒令。他先说了一个："金银铜钏铺。"第二人说："丝绵纳绢网（網）。"第三个人说："鬼魅魍魉魁。"

这三组酒令有其共同的特点：

第一，第一个字都是下面四个字偏旁的本字。后四个字都是同一偏旁。

第二，它们都是偏正结构，前四字为定语，最后一字为名词中心语。意谓：卖金银铜钏的铺子；用丝绵绸绢做的网；鬼魅魍魉的首领。

这三组文字游戏，应当说运用文字结构是很巧妙的，尤其是每组的第一、第五字用得颇具匠心。

《坚瓠补集》里有一位塾馆先生袁元峰，他父亲的朋友给他出了一副对联："宦官寄宿穷家，寒窗寂寞。"

用的都是"宀"部首。袁元峰要联对了，他先提了一个要求：能否让一个宝字盖的一点变通一下换个地方。对方同意了。他就对了："冢宰安宁富宅，宇宙宽宏。"

"冢"字不是宝字盖，其中一点挪到了"冖"下的左侧两撇之上。即令如此，能对得如此确当，已经是相当不易了。对联当然要上下联有联系，这就受了第一层限制；而且还都要用宝字盖的字，这就是第二层限制。这样就有一定难度，没有相当的文字知识、文学功底是很难对得上的。

还有一个县尉和士人的故事：

> 县尉出乡巡逻，晚宿山寺，见一士人修业寺中，尉出对曰："道远还通达。"士人答曰："县尉下乡来。"尉曰："我五字都是绕人，尔对欠切。"士人曰："县尉下乡来，不知多少扰人也。"（《广笑府》）

县尉虽为武人，倒还有点文化。"道远还通达"，道路虽然很远，但是倒还通达顺畅。这是符合县尉由城里到乡下的实际情况的。五个字都用了"绕人"（也就是"辶"旁），确实不易。但是士人没按他的要求去作，虽然对上了五个字，与县尉的对联却风马牛不相及。意在"绕""扰"同音来讽刺县尉们下乡扰民。县尉本来是想让书生出丑的，不料搬起石头砸了自己的脚，自讨没趣。

试想，如果有更多的这类句子：既是同一偏旁部首，又有一定意义。那么，对认读记忆汉字不无好处。

辑二 字音巧思

两字同音,团鱼遭殃

明朝初年,定都南京(金陵),有一年突然在长江里,大肆捕杀鼋,几乎使鼋灭绝。这是怎么回事呢?原来这里有一个可笑的故事。

当时,金陵一段长江江岸常常崩塌,容易造成水患,朱元璋非常忧虑。有人说这是因为猪龙婆在岸下挖洞所致。工部想把这种看法上达朱元璋,但是又顾虑"猪"和"朱"同音犯了皇帝忌讳,于是就改口说大鼋挖洞为害。朱元璋一听鼋字的音就非常讨厌,因为"鼋"和"元"同音,这不是他推翻的那个元朝和他作对吗?于是命令渔人捕杀,几乎杀光灭绝。当时人们就拿这件事当作笑料,讽刺说:"癞鼋癞鼋,何不称冤。"

渔人捕杀鼋,开始不顺手。用香饵引鼋上钩,但是有的大鼋数百斤,上钩以后,就用前爪抓住泥沙,深入沙中一尺多,百人拉也拉不上来。一个老渔翁很了解鼋的习性,让人用一个穿底缸,把钓绳通过缸底放入水中,钓到鼋后,用穿底缸盖住鼋的头,鼋就用前爪顶住缸,不能再抓住沙子,这样就把鼋拉上来了。金陵人对捕杀鼋的愚蠢做法很不满,就讽刺说"猪龙婆为殃,癞头鼋顶缸"。至今有些地方代人受过还说成让他顶缸,嫁祸于人也说让他顶缸。

猪龙婆就是现在国家的一级保护动物扬子鳄。鼋就是绿团鱼,俗称癞头鼋,鳖的一种,一般长二十六七厘米,长者达一米多。扬子鳄在池沼水底打洞栖居。至于江岸坍塌到底和扬子鳄有无关系,且不去管,既然当时有人这样说,工部大臣也相信这种说法,就应该如实向皇帝汇报。只因为怕"猪""朱"同音触犯了朱元璋,丢了乌纱帽,就不顾事实,而把罪过栽到团鱼头上。即使把团鱼灭绝也无济于江岸的防护,大臣心里是明白的,为了讨好皇上,这些就顾不得了。

朱元璋也够昏庸的,因鼋、元同音,就把忌恨发泄到鼋鱼身上,连当时的老百姓都觉得好笑。作为一国之主的朱元璋却愚昧如此。

由于忌讳两个字音而搞得兴师动众,城门失火殃及池鱼,对鼋鱼大肆杀戮,破坏了生态环境,愚昧无知会铸成多么大的错误。禁忌皇家姓氏闹的笑话何等可悲可怜。没想到同音字会带来这样的灾难。两个同音字,牵动长江万里愁。

铃声的"翻译"

唐朝窦巩写过一首悼念妓女东东的诗:

芳菲美艳不禁风,未到春残已坠红。
惟有侧轮车上铎,耳边长似叫东东。

《全唐诗话续编》记载了这件事。看来诗人对东东的感情很深,听到车铃丁东丁东的响声,就好像一步一唤东东的名字。铃声和东东声音相似,心有所感,物有所应,于是就出现了耳闻的错觉。作者"翻译"了铃声。

安史之乱爆发,唐明皇向四川逃难。大雨之中听到铃声,他就问黄旛绰:"铃语云何?"铃声说的是什么。黄旛绰回答:"似谓三郎郎当!"(《云栈纪程》)唐明皇感到很惭愧,自讨没趣,宫中称唐明皇为三郎。"三郎郎当"与车驾行进中的铃声是非常相像的,郎当,是潦倒、颓败的意思。"三郎郎当"就是三郎潦倒。唐明皇弃长安,匆匆逃窜四川,是他最失意潦倒的时候,何况又在雨中行路。黄旛绰利用车铃声语义双关地给皇帝老子开了一个政治玩笑,可谓机智。这又是一次铃声的"翻译"。

《晋书》卷九五《佛图澄传》中,记载了佛图澄翻译相轮铃声的故事。

十六国时佛图澄投靠后赵石勒。前赵的刘曜来攻打石勒的洛阳。石勒问佛图澄吉凶成败如何。他回答:

> 相轮铃音云:"秀支替戾冈,仆谷劬秃当。"此羯语也。秀支,军也。替戾冈,出也。仆谷,刘曜胡位也。劬秃当,捉也。此言军出捉得曜也。

事有凑巧,刘曜果然被捉。

佛图澄对铃声的"翻译",显然是在骗人,有生命的动物尚且没有严格意义上的语言,何况非生物的金石。他也不过是说些吉利话讨好罢了。要不然就是他了解当时形势,估计刘曜要失败,借铃声做了大胆的预言。

"秀支替戾冈,仆谷劬秃当",从这些汉字读音看确实像铃声的拟音。然而佛图澄怎么会从这些无意义的声音中听出羯语来了呢?关于对铃声的"翻译"这一点,清人程趾祥在《此中人语》里有一段精辟论述:

> 铁马不知起自何时,惟闻其声,则叮当可爱。人家房屋,用者不少。凡人于欢喜时闻之则喜,于愁恨时闻之则愁,盖随人情为感触也。

听铁马铃声和听鹧鸪、杜鹃叫声都是一个道理，你心里想它是什么就是什么，只要音节相同就行。

当时的羯语已无法考查，没有办法证明佛图澄"翻译"的真伪。如果佛图澄用铃声为石勒预卜吉凶确有其事的话，当时石勒本人就是羯族，佛图澄大概也不敢当着石勒的面信口胡诌，恐怕他说的"秀支"等词还是有根据的。他的聪明就在这里，能把羯语词的语音和铃声比较好地配合起来，犹如"三郎郎当"能把汉语词和铃声恰当配合一样。"秀支替戾冈，仆谷劬秃当"既是风轮铃声又有羯语"军出捉曜"的含意。这种完美的统一，不由石勒不信。

当时人们是相信天命的。佛图澄的"翻译"有根有据，宣布捉住刘曜是天意，自然就鼓舞了石勒部下的士气，奠定了胜利的信心，与子同仇，团结一心，就打败了刘曜。

石胜刘败是由各种因素造成的，佛图澄的铃音"翻译"不能不说也起到了振作士气的作用。反过来又证明了佛图澄"翻译"铃声预言成败的"灵验"。

《论语》里的燕语

张清常先生在《胡同及其他》一书中谈到北京胡同名称的变迁,其原因最主要的是年代久远读音讹变或是避俗就雅有意改变。不论哪种情况,大多是同音字近音字的互相替代。这类例子确实不少。

比如房山县的琉璃河,清人高士奇《扈从西巡日记》里说宋代叫刘李河。《金史》所载也是刘李河。大概是刘、李两大姓在这里住而得名,后来讹传为琉璃河了。《爱日斋丛钞》中说扬州天长道上有一座古墓叫琉璃王冢。有人考证是汉朝广陵王的墓。广陵死后谥号厉,其墓名刘厉王冢。传来传去,同音假借成了琉璃王冢。宋时杭州有石乌龟巷,大概认为名字不雅,后来就演化为十五奎巷(《两般秋雨盦随笔》)。《浪迹三谈》里说福建有句俗语:"丈母娘伤寒灸女婿脚后跟。"这本来是风马牛不相及的两件事,怎么拉到一起了呢?原来"女婿脚"是由"女膝穴"讹转来的。原意大概是:得了伤寒灸女膝穴就会好。后来变为灸女婿脚后跟,既然说是灸女婿的脚后跟,那么肯定是丈母娘病了。于是最后就成了"丈母娘伤寒灸女婿脚后跟"。

最可笑的是因音讹而使陈子昂和杜甫都变成了女人。唐初诗人陈子昂是四川阆州人,他做过右拾遗,阆州有座陈拾遗庙。后来讹传为陈十姨庙,既然是"十姨",顾名思义当为女人,于是庙里就修了一尊妇女神像。这么一来,后人就不知陈十姨供的是何方神仙了。温州有座杜甫庙,因为杜甫做过左拾遗,就修了座杜拾遗庙。传来传去成了杜十姨庙。人们也塑了一尊妇女像。更可笑的是这里还有一位神祇伍髭须相公没有配偶,当地的热心人怕寡女鳏夫寂寞,就将二位神像移在一个庙里配成夫妇。这位伍髭须何许人也?原来是由伍子胥音变而来的相公。

这种男姓变女性的笑话,究其因多半是因历史久远,口耳相传,只知庙名,而不知庙祠何神。再者无知无识,不知拾遗为何物,更不知为官称,以浅薄知识推之当为十姨,于是在重塑神像的时候就把两位诗人当作了女人。

书中人物也有音变现象。《水浒传》的赤发鬼刘唐在龚开的《三十六人画赞》中是尺八腿刘唐;双枪将董平是一直撞董平(大概是由"一直撞"转为"一支枪",再由"一支枪"变为"双枪将");浪里白条张顺是浪里白跳张顺。《大宋宣和遗事》里张顺也是浪里白跳,董平是一撞直,卢俊义是卢进义。

有些器物也有音变现象,琵琶古名枇杷,又名鼙婆,都是声音相同或相近。据传王昭君在匈奴所弹琵琶坏了,让胡人新做了一个太小,王昭君笑道:"浑不似。"于是琵琶就有了别名"浑不似",后来又变为胡拨四、虎拍思、琥珀思。

有的人还故意用字音拟声开玩笑的。《南史》记载,唐会昌三年卢肇、丁棱、姚鹄等人及第,按当时规矩,放榜后应由榜上头一名率众人谒见宰相。当时本应卢肇为首,他因事未到,只好由第二名丁棱出头。丁棱口吃,加上精神紧张,见了宰相俯首致辞,本来想说"棱等登科"四字。一时汗流满面而口吃,鞠了半天躬只是说:"棱等登,棱等登","科"字始终说不出来。第二天,友人就跟他开玩笑,听说你很会弹筝,能不能让我们听听?丁棱说不会弹。朋友说:昨天听见你"棱等登,棱等登",岂不是筝的声音吗?把"棱等登"拟音解释为筝声,倒也相近,利用音同开了一个玩笑。

据《拊掌录》记载,王安石曾拿《论语》开过玩笑。王安石与客人一起饮酒,摘取经书中的句子做酒令。王安石摘了《论语·为政》的一段话作为《禽言令》。这句话就是人们熟知的"知之为知之,不知为不知,是知也"。王安石说这是燕子的语言。熟悉燕子叫声的人,不能不为王安石的"发现"拍案叫绝。如按一些拟音字写出来,读得快一点印象就更深刻,可以一字不易,就是燕子的呢喃。当时好长时间没有人能对得上。刘贡父忽然来了灵感:"我摘句取字如何?"马上作了一个《鹁鸪令》:"沽不沽?沽。"《论语·子罕》:"沽之哉,沽之哉!我待贾者也。"另《论语·雍也》:"觚不觚,觚哉!觚哉!"这里刘贡父用了前者"沽"的意思,用了后者"觚不觚"的语音和结构,组成了"沽不沽?沽"。如果用拟音字写出来就是:咕噗咕,咕。这不就是我们熟知的鹁鸠的叫声吗？这些人真是把经典琢磨透了，读"活"了。同时我们也不能不佩服这些人奇妙的联想和拿经书开玩笑的勇气。

《封氏闻见记》里有这样一件事：

> 裴子羽为下邳令，张晴为县丞，二人俱有声气，而善言语，曾论事移时。人吏窃相谓曰："县官甚不和。长官称雨，赞府即道晴；赞府称晴，长官即道雨。终日如此，非不和乎？"

裴子羽自称羽（雨），张晴自称晴，在吏人听来，自然就是为天气的阴晴辩论了。

有时不熟悉典故，也会闹出笑话来。《精选雅笑》说，有一幅不落款梅花，有人看到后，极力称赞画得逼真。有人问："你知道是谁画的吗？"他回答："张敞。"张敞是西汉人，每晨起为妻子画眉，后来"张敞画眉"就成了表示夫妻恩爱和睦的典故。这位看画梅的仁兄且不说他有无鉴赏能力，见了一幅画就胡乱评论。就他误把"张敞画眉"理解为"张敞画梅"这一点，他的学业功底也就可想而知了。但是从另一角度看，也有可原谅处。"眉""梅"二字同音，而且不管是画什么吧，"画眉"和"画梅"动宾搭配都合适，都能存在。对一般人来说，以音推字，更容易想到张敞画的是梅花。

作文章时也不能不留心同音字的运用。有时只从字面看没问题，如果读出音来就麻烦了。《挞掌录》记载，欧阳修主持科场考试，出了一道《贵老为其近于亲赋》的题目。有一个进士在文中写了这样两句话："睹兹黄耇之状，类我严君之容。"意思是看到这位高寿者的样子很像我父亲的容貌，是赞颂父亲，祝父亲长寿的。可是，因"耇"和"狗"同音，读出音来就不好听了，就成了：看到这只黄狗的样子很像父亲的容貌。无意中出了洋相。狗，在中国是骂人的话，不同于西方作为宠物。因此，这两句话读起来是大不敬。

"鸟语"杂谈

飞禽走兽之间有没有语言，从严格的科学的语言定义来说，回答是否定的。如果从能用声音传递简单的信息来说，也可以说有"语言"。动物界传递信息大概包括三个方面：动作、声音和气味。用以表示爱慕求偶，向群体发出警告或发现食物的信息，划定自己的势力范围等。前者如孔雀开屏，后者如孤雁守夜遇险长鸣，最后如一些动物在自己统治的地盘周围留下气味。

声音是鸟类传达信息很重要的手段。捕捉鹌鹑的人夜里吹起鹌鹑哨子引诱鹌鹑入网，就是模仿鹌鹑的叫声，传达虚假的信息。高玉宝的小说《高玉宝》中的"半夜鸡叫"，就是由人学鸡叫，引得群鸡合唱。《史记·孟尝君列传》记载，齐国孟尝君出使秦国被扣留，他逃到函谷关，秦国发现，追了上来。函谷关是听到鸡叫才开关门，这时孟尝君的一个食客就学鸡鸣，结果引起群鸡齐鸣，函谷关提前开门，孟尝君得以脱险。看来禽鸟野兽是有"语言"的，但只不过限于传达本能的信息。

中国古代书籍中记载着很多解鸟兽语的人。伯益、公冶长、秦仲、魏尚、管辂、张子信、孙守荣、侯子瑜、阴子春、成武丁、杨宣、和菟、王乔、陈国华、麦宗等知鸟语,其中以知鹊语者多。又如,介葛卢、詹何懂牛语,李南懂马语,神鸡童解鸡语,萨多罗懂猪语,沈僧昭懂虎语,神速姑懂蛇语,等等。

这些人看来对鸟兽的习性是很有研究的,他们可能就是鸟类学家和动物学家。比如《锄经书舍零墨》卷二记载,有一个叫张永之的,他能解鸟语。曾在澄江作客,早晨起来,听到鹊声喧急。同伴就戏问他知道这鸟说的什么?他回答:说的是去东门外第三家吃豆腐渣。到了那里一看,果然如张永之所说。张永之了解鸟类这种传递信息的本能,所以敢于下结论是招呼同伴去吃豆腐渣。东门外第三家是磨豆腐的这恐怕是张永之事先看到过的。另外,喜鹊叫喳喳又正好与豆腐渣的"渣"同音。所以下此判断不无道理和根据。

《阙史》记载,懿宗咸通初年有一位僧人叫萨多罗,能通鸟兽之言。有一天与几位客人要到城西别墅去纳凉,路上遇到一只母猪领着一群小猪向前走,母猪嘴里喀喀有声。一个人就问,这只猪是不是说话呢?萨多罗说:"大猪看着小猪说:'行行行,向前树荫下吃奶。'"果然,母猪到了树荫下,躺下就喂小猪奶。萨多罗是很机智的。他既了解猪畏热而趋凉的习性,又巧妙地利用了猪的低声喉音。天气很热猪当然不会在大日头下躺下来喂奶,自然会走到阴凉处停下。猪平时总是哼哼哼的,萨多罗就"译"成"行行行",声音相近。所以就很果断地"翻译"了母猪的"语言"。这在对猪的习性不大了解的人看来就有点神秘了，不由你不相信他。

对鸟语诠释最多的大概是鹧鸪。鹧鸪的叫声有四个音节。人们可以根据自己的理解去"翻译"。宋赵与虤在《娱书堂诗话》里说："鹧鸪，其声格磔可听，世俗想象其音，或云'懊恼泽家'，或云'行不得哥哥'，盖方言不同，而歌咏亦各用之。"但是大多与农事有关。清人陆以湉在《冷庐杂识》卷六《禽言》中说：

> 黄霁青观察《禽言诗引》，谓江南春夏之交，有鸟绕村飞鸣，其音若"家家看火"，又若"割麦插禾"，江以北则曰"淮上好过"，山左人名之曰"短募把锄"，常山道中又称之曰"沙糖麦裹"，实同一鸟也。余按：此鸟即布谷，《尔雅》所谓"鸤鸠、鴶鵴"者是也。《本草·释名》又有"阿公阿婆""脱却布袴"等音。陈造《布谷吟·序》谓"人以布谷为催耕，其声曰'脱了泼袴'，淮农传其言云'郭嫂打婆'，浙人解云'一百八个'者，以意测之"云云。吾乡蚕事方兴，闻此鸟之声，以为"扎山看火"。迨蚕事毕，则以为"家家好过"，盖不待易地，而其音且因时变易矣。

陆以湉是浙江桐乡人。布谷刚到，正是养蚕的时候，所以布谷叫声听来就是"扎山看火"（前面提到的"家家看火"大概与此同意），提醒蚕农注意防火。蚕事完了，卖了茧得了钱,这时再听布谷叫声,就成了"家家好过"了。可见对鸟语的解释有很大的随意性和主观性。白居易在《和思归乐》一诗中,也说得很清楚,诗中说:"山中不栖鸟,夜半声嘤嘤。似道思归乐,行人掩泣听。皆疑此山路,迁客多南征。忧愤气不散,结化为精灵。我谓此山鸟,本不因人生。人心自怀土,想作思归鸣。……"白居易说得很有道理,因为"人心自怀土"想念家乡,所以才把鸟鸣"想作思归鸣"。

古代传说杜鹃是周末蜀国君望帝所化,所以李商隐有诗"望帝春心托杜鹃"。杜鹃的叫声是"不如归去"。《西厢记》五本四折里张生就唱过:"去那绿杨影里听杜宇一声声道'不如归去'。"传说杜鹃啼到伤心处,口角流血。古代文人多用杜鹃(又称杜宇、子规、布谷)叫声寄托或抒发思乡之情。李白有"又闻子规啼夜月,愁空山";苏轼有"萧萧暮雨子规啼","杜宇一声春晓";陆游有"林莺巢燕总无声,但月夜常啼杜鹃";朱希真有"杜鹃叫得春归去"等等。

杜鹃的鸣声在北方一些地区就"翻译"作"光棍好苦"。有歌谣写道"光棍好苦,光棍好苦,衣裳破了,无人给补",是说光棍生活困难寂寞的。在一些地方又解作"光棍扛锄"。这是因为杜鹃作为候鸟春末夏初来到这里,正是要锄头遍春苗的时候。于是人们就把它看作催人下田锄草的鸟。听到杜鹃叫声,人们就意识到该锄地了。光棍该扛起锄头下地了。为什么单提光棍扛锄呢?大概是光棍一人生活,没人做饭没人送饭,自己里里外外一个人。比有家室兄弟的更忙更辛苦,因此要比别人早下田、早开锄。实际上和"光棍好苦"

一样,也有着一个人生活艰难寂寞之意。

另外有些地方(如鲁西豫东一带)的孩子还能和鸟儿问答。当然都是以四个音节为限。杜鹃叫:"光棍扛锄。"孩子问:"你住哪何(何处)?"杜鹃答:"X庄家后(村后)。"孩子又问:"吃的啥饭?"杜鹃答:"烧饼夹肉。"鸟的答语都是孩子的想象。比如"X庄",如果这个村子是张庄,孩子听来杜鹃叫声就是"张庄家后"。如果是李庄,就是"李庄家后"。这样,这些孩子不就是懂鸟语的人了吗?以此推想,也可以大体窥见古代知鸟音兽语者的奥秘了。

为什么孩子要作鸟儿问答呢?这可能和破灾免祸有关。《酉阳杂俎》载:

> (杜鹃)初鸣先听其声者,主离别,厕上听其声,不祥。厌之法,当为大声应之。

杜鹃开始叫的时候,人们听了不吉利,所以马上应和,就可以破灾了。这种传说延续下来,大概就有了现在的人鸟对话。清人梁绍壬在《两般秋雨盦随笔》里有这样的记载:

> 广东琼州有量人蛇,长六七尺,遇人辄竖起,量人长短,然后噬之。土人言此蛇于量人时,鸣声曰:"我高。"人亦应声曰:"我高。"蛇即自坠而死。

这种能竖立起来的蛇,大概就是有毒的眼镜蛇。土人所"翻译"的蛇语"我高",实际上就是蛇的咝咝声。这里也提到了应声免祸的事。

喜鹊的叫声,人们认为是吉利的;乌鸦的叫声,人们认为是凶兆。所以在鲁西豫东,孩子们听到乌鸦叫声,马上唱起歌谣:"老鸹'啊',老鸹叫,你娘在家扯皮条。生一窝死一窝,生的没有死得多。"这么发出咒语之后,似乎就化凶为吉,转败为胜,以其人之道还治其人之身了。

孩子和杜鹃的对答。大概都是源于避凶就吉,因为杜鹃传说是望帝所化,叫得悲苦时,可以口角流血,加之最原始的解释其鸣声是"不如归去"。所以杜鹃和喜鹊不一样,它是一只悲苦的有家归不得的鸟。所以听到他的鸣声要应答才能化凶为吉。

实际上哪来的鸟鸣吉凶。只不过是人们的一种传统文化心理而已。这点古人早有诗反驳:"鹊噪未为吉,鸦鸣岂是凶。人间凶与吉,不在鸟音中。"

一言以蔽之,通晓鸟语兽言的人,不过是以己之心度禽兽之心而已。他们对鸟兽的习性有着比一般人更多的观察和研究。

"鸟语"与"人意"

有的鸟鸣声,人们赋予它一定的含意。如杜鹃的叫声是"不如归去",鹧鸪的叫声是"行不得也哥哥"。在古人诗词中说恨言愁,思乡念土用了不少杜鹃、鹧鸪。有时也"介入"了政治斗争。

宋人辛弃疾是一个爱国主义者,念念不忘恢复中原。他在南宋时有一首《菩萨蛮·书江西造口壁》是这样的:

郁孤台下清江水,中间多少行人泪!西北望长安,可怜无数山。 青山遮不住,毕竟东流去。江晚正愁予,山深闻鹧鸪。

这首词表现了对人民苦难的同情和恢复中原收复失地的愿望。他对胜利充满了信心,如东流之水,无法阻挡。但是看看眼前政治形势,"江晚正愁予",愿望很难实现,深山之中鹧鸪的叫声在告诫他"行不得也哥哥"。对投降派的不满尽在不言之中。

明时李东阳当政,不见有什么政绩。扬州的陆沧浪写了一首诗讥刺他:

> 文章声价斗山齐,伴食中书日又西。
> 回首湘江青水绿,鹧鸪啼罢子规啼。

说李东阳文章虽好而无治世之才,只知吃喝而已。最后两句,湘江是李东阳的故乡。"鹧鸪啼"是告诫李东阳"行不得也哥哥",意即别再干下去了。"子规啼"是劝李东阳"不如归去",回老家算了。用了鹧鸪和杜鹃讽刺就深刻而谐谑了。

有的人还作了"禽言"诗,利用禽言开头,抒发感叹和不平,写农时,宣传人伦道德。

有以杜鹃鸣声作诗者:

> 快快插禾,清明谷雨天气和。田中水满禾好插,转眼便是人催科,快快插禾。

> 子归,子归,胡不归?田园既芜屋成灰。迟迟吾行当诉谁?王门抱瑟不如抱竽吹。须发改,筋力衰,不归,不归,更何为?

> 子归,子归,高堂日将暮,故箧开彩衣。子不归,待何时?亲归子不归,欲养悔,何可追?

有以鹧鸪鸣声写诗者：

行不得也哥哥，河南河北皆干戈。前逢官兵后逢盗，飘零十日将如何？拂面西风尘扑㴉，荒崖白骨狐狸啄。谁家双鬟行得迟，横拖马上闻啼哭。

呱呱呱，百鸟相随妇与夫。嗟我天阴便逐去，谁忍天晴尽日呼。

布谷，布谷，春风和，春雨足，此时不种那得熟。嗟我独催耕，群鸟亦啄粟。

鹁鸪鸪，雨多水涨生蘼芜。鱼飞稻田畦生灶，可怜有地无人租。兔葵劚得连根煮，雾笠烟蓑愁不语。闻说明朝要打粮，相将又向他方去。

鹁鸪鸪，鹁鸪鸪，帐房遍野相喧呼。阿姊含羞对阿妹，大嫂挥泪看小姑。一家不幸俱被掳，犹幸同处为妻孥。愿言相怜莫相妒，这个不是亲丈夫。

有一种鸟叫提壶，也作提胡或提胡卢及提葫芦等。白居易《早春提壶鸟因题邻家》有："厌听秋雁催下泪，喜闻春鸟劝提壶。谁家红树先花发，何处青楼有酒沽。……"欧阳修《啼鸟》诗有"独有花上提壶卢，劝我沽酒花前醉"。看来这种鸟在人们眼中是和酒葫芦有关的。所以与提胡卢鸟有关的诗都离不开酒：

提胡卢，提胡卢，不愁无酒卖，只虑无钱沽。但得有钱即沽酒，权贵门前懒趋走。君不见邻翁了却官家租，沽酒取乐一事无。

提葫芦，沽美酒，三百铜钱何处有。桃花落尽杏花残，十分春色今无九。纵遇采樵人，勒马空回首。况又多年失孟光，一斗凭谁为藏久？忍听提壶休饮酒。

据说过去五台山上有种鸟叫寒号鸟。盛暑季节，文彩斑斓，这时常常自鸣："凤凰不如我。"到了深冬，毛羽脱落，遂自鸣："得过且过。"关于寒号鸟的故事民间流传的不少，大同小异，其意义大都是富时莫忘穷时难，做事要有长打算。清人有诗：

得过且过，衔泥无力巢难作。翠翰剥落寒侵肤，况遇今宵风雪大。百丈虬枝嗟只立，微躯敢羡蛟龙蛰。深山日暮行人稀，夜雨荒郊鬼灯泣。

鸟的鸣声又往往伴随着一个传说，如杜鹃为望帝所化。另外在清人宣鼎的《夜雨秋灯录》里提到一种鸟：

> 吾乡山中有鸟，当春夏之交，且飞且鸣，曰："嫂亏姑。"鸣至新秋始已。闻古有小姑，受嫂嫂凌虐死，精魂所化者。

这位姑娘让嫂嫂虐待死了，死不瞑目，化而为鸟，不断地控诉着"嫂亏姑"。有一首诗是说有一种鸟鸣声是"姑恶姑恶"：

> 姑恶姑恶，新妇何曾自认错？人家有姑无此恶。姑生女，作人妇。姑不恶，妇则乐。

这里的"姑"指的是婆母。这只鸟可能是屈死的儿媳妇的冤魂所化吧，在控诉婆婆的罪恶。

《坚瓠集》里还有一个误杀亲生儿子的故事：

> 汴洛深山中多异鸟，其声多类人言。一鸟名"儿回来"，鸣曰："儿回来，娘家炒麻谁知来！"士人以为昔有继母，偏爱己子，以生麻子授之，以熟麻子授前妻之子，嘱之曰："植麻生者得归家。"二子不知也。幼子嗜食熟麻子，遂彼此相易。由是其子误植熟麻子，不得归。母思之至死，化为此鸟，呼其子曰："儿回来，儿回来。"好事者记之以警世，亦如提葫芦、脱布裤之类。

根据这一传说，就有了一首鸟鸣诗，不过这里的鸟鸣是

"瘦儿瘦儿":

瘦儿瘦儿,我自错,当怨谁?天长地远儿不归。啼声日夜无休期。吻中流血羽毛摧。人间后母不见之。

鸟鸣无心,人听有意。或先有故事而依附于鸟,或由鸟鸣揣想而推演成故事。文人墨客以鸟语发端写成诗歌,借以加进社会内容,鸟语也就变而为人语了。

同音字造成的阴差阳错

汉字同音、音近的字很多，书面文字不致产生误解。如果只凭声音判断，在特殊情况下，很容易产生误会，闹出笑话。

程覃在京都做尹，有人送上一纸建议造桥的文状。程覃同意，就大书"昭执"二字。这个人看他写错了，就说："合是'照执'，今漏四点。"程覃取笔在"执"下加了四点，于是就成了"昭热"，完全不通了。（引自《古今谭概》）"昭""照"音近，"昭执"和"照执"差不多，既说少四点，识字不多的程覃就不知道这四点给谁了。结果乱点了鸳鸯谱。

有一位半瓶子醋的私塾先生和客人一起喝酒，吃茄子。他的学生忽然问他"茄"字怎么写。老师愕然没有回答。一位客人说："草字头再加一个'加'字。"老师误以为是"家"字。毅然接下来说："要知道'茄'字原出在《易经》里：'匪我求童蒙，童蒙求我。'"客人说："不是这个'蒙'字。"老师又认为是"佳"字，恍然大悟说："对了，《左传》不是说过吗？'郑国多盗，取人于萑苻之泽'。"客人说:"也不对,草字头下边一勾一撇,再加个口。"老师用指头比画成"勺""口"。喟然叹了一口气:"忘了,《礼记》开卷就说:'临财毋苟得,临难毋苟免'。"客人说:"草头下一勾一撇不是这样写。"老师凝思了一会儿,又认为是"刀""口",于是又大声斥责学生:"你读《诗经》怎么不知道《诗经》里有'苕之华'呢?"客人说:"又错了,只是草字头下一个'力'字,一个'口'字!"老师猛然间想起了"立"字,摇头瞪眼看着他的弟子说:"人呢,不但五经要读得很熟,就是二典也须博通。我每天早上拿着《金刚经》念,见有这个'茄'字,所云'须菩提',于意云何?'佛告须菩提',至《梁皇忏》又说:'南无菩萨摩诃萨'。"又把"菩"字当作"茄"字。(引自《坚瓠集》)

这位私塾先生读书不少,字音读对的不多,一再文过饰非,始终没能说出"茄"字如何写。客人提醒他是草字头下边一个"加"字,他却理解为"家"和"佳",就误以为"蒙"和"萑"就是"茄"字。客人觉得同音字使他产生了误解,就采用笔画提示,没想到汉字笔画相同而形体不同的字不少。客人说"茄"字是草头下一勾一撇一个口。这位私塾先生就以为是草字头下一个"句"字,结果在他看来"苟"字就是"茄"。客人否定后,他又认为"苕"是"茄"。"加""句""召"都是由"丿""丁""口"组成的,也难怪这位私塾先生一错再错,汉字这不是故意跟他过不去吗?客人看他还不明白,于是又把"茄"字下面的"加"字分解,用读音提示:草字头下一个"力",一个"口"。谁想到

"力"和"立"又同音,私塾先生又以为是"苦"字。

汉字的同音字、同笔画而组合不同的字把这位读书不少囫囵吞枣的私塾先生搞得晕头涨脑。越弄越糊涂,始终靠不到"茄"字上去,《坚瓠集》里的这位教书先生比起程覃来,更是孺子不可教也。

《水东日记》里说有一个人写了一首诗贴在厅堂的墙上,他的哥哥在客人面前赞扬:"我弟弟这首诗,大有唐气。"于是有位客人就找来梯子爬上去舔了舔说:"有糖气怎么不甜呢?"这位客人把"唐""糖"弄混了。人家说诗有唐诗风格,他却以为有甜味,非验证一下不可。

南宋杭州每逢节日都要放假,只有七夕没假。当时宰相就问一位朝官:"七夕不放假,有什么典故没有?"朝官说:"七夕古今无假,查柳永《二郎神·七夕》词云'须知此景,古今无价'也。"(《坚瓠集》)"假""价"同音,于是七夕美景无价买成了七夕自古以来不放假了。这是朝官的幽默。

据《古今谭概》,有一位县令夫人姓伍,一次县里官太太们相聚。这位县令夫人同僚妻子的姓氏,一个姓陆,一个姓戚,县令夫人很不高兴,认为人家姓六、姓七,都比自己的五多,在这种场合,是故意戏弄自己。如果这位夫人看了陆、戚两字的写法,当不会发脾气了。

宋时山东有两位经生,一个人诵唐人杜荀鹤诗:"任是深山更深处,也应无计避征徭。"另外一人说:"野鹰(也应)怎么也征徭赋?"那人解释说:"古人怎么会有错呢?肯定是那年官家要索取翎毛。""也应"和"野鹰"音相近。巧的是二者放在句中也都讲得通。一是说,即令你躲到再深的山里去,也没有办法逃避徭役;一是说,即令是深山更深的地方的野鹰也无法逃避徭役(更何况人呢)。大概二位白首死章句的经生只会背书歌子,没有看到过杜诗,否则不会把"也应"变成"野鹰"的。(见《中山诗话》,误将此诗《山中寡妇》归于郑谷)

《笑赞》里说,明时辽东一位武官,不认字,因事论罪,当人宣读对他的处分文本时,其中有句话:"所当革任回卫者也。"听完以后,这位武职痛哭着说:"革任回卫也罢了,这'者也'两字,怎么当得起。"看来要革他的职这一点他是听懂了。"者也"二字他大概误以为"这爷"。这句话就成了"所当革任回卫这爷"。上司判决称他爷,自然痛哭流涕说担当不起了。"者也"太文雅,他不懂,以其有限的知识"这爷"两字倒是经常听到的,上下文连起来也差可通顺,这位武职如此理解对他来说也是合理的。

中国有很多方言,同一字不同读音,交谈起来会有很多阴差阳错的事。

《雪涛谐史》载,陕西人读竹为箸。有一个巡抚是陕西人,有一天叫巡捕官:"与我取一箸竿来。"这位巡捕官大概不是陕西人,误以为是要猪肝,就买来。自思:既然要猪肝,怎能不要猪心。于是用盘子盛了肝,用纸裹了猪心放在袖子里,看来是想做一个善体上意的官吏,想拍马屁。进去见了巡抚说,您让买的猪肝已经买来了。巡抚笑着说:"你那心在哪里?"意思是责备他没有脑子。这位巡捕官以为问猪心在哪里,于是连忙从袖子里把猪心掏出来说:"心也在这里。"

方音不同使上下不能沟通。比这更可笑的还有。《嘻谈续录》里则有这么一个不懂官场语言的故事:

> 一捐官不懂官话,到任后,谒见各宪上司,问曰:"贵治风土如何?"答曰:"并无大风,更少尘土。"又问:"春花(鱼名)何如?"答曰:"今春棉花每斤二百八。"又问:"绅粮何如?"答:"卑职身量,足穿三尺六。"又问:"百姓何如?"答曰:"白杏只有两棵,红杏不少。上宪曰:"我问的是黎庶。"答曰:"梨树甚多,结果子甚小。"上宪曰:"我不是问什么梨杏,我是问你的小民。"官忙站答曰:"卑职小名狗儿。……"

这是对拿钱买官(捐官)的人做的尖刻讽刺,这样的草包政绩可想而知。"绅粮""百姓""黎庶""小民"一概不懂,所答非所问,驴唇不对马嘴,只按自己的生活知识去理解、去回答,在他看来上司问的问题都和政事无关,自然都是大风、尘土、棉花、身量、杏树、梨树、小名了。不懂官场话居然闹出这么大笑话来。

一个河北人在江苏做官,一天拜见上司时,忘了带鼻烟壶,就让他的仆人把鼻烟壶取来。仆人是江苏人,把东西拿来了,藏在堂下,好长时间不敢拿上去。这位官员急了,问为什么不拿上来。仆人说:"来了很长时间了,这个东西不太雅观,不敢呈上。"原来他把便壶拿来了。结果大家哄堂大

笑。苏州鼻壶与便壶同音,这位江苏仆人误解了河北官长的话。(见《锄经书舍零墨》)

人们在交际中,为了避免同音字、近音字产生的混乱,不得不采取一些办法。有时用区别字的结构的办法。要把张、章分别开来,就说前者为弓、长——张,后者为立、早——章。为了区别李、黎,单用音调怕不清楚,就把前者说成木、子——李,或十八子——李。姓陈的就说耳、东——陈。区别的、得,就说前者是白、勺——的,后者是双立人得,或得到的得。

有的同音字不好用结构区别,就只能用跟这些字组成的同音词加以分辨。有人姓lù,到底是陆呢,路呢,还是鹿呢?于是就"注释"一下:陆地的陆,海陆空的陆;是道路的路,公路的路,走路的路;是梅花鹿的鹿。但是不能说大陆的陆,因为大陆、大路、大鹿都可以,还是搞不清姓什么。同时还要注意通俗文雅。如果说是陆沉的陆、路标的路不容易一下子了解。说动物的鹿,长颈鹿的鹿又不够文雅,如介绍别人,就令人尴尬。

还有的同音字不好用常用词解释,就只好采用最笨拙的方法:用笔画说明。比如卢字,就要说:"上"字不要一横,下面加一个尸体的尸字。"卜"字就是一竖,左边点一点。有时候还需辅之以手势。

汉字同音字、音近的字本来就不少,再加上方音就更复杂。所以不管是中国人学普通话,还是外国人学汉话,发音都很重要。不然就会让对方啼笑皆非,不知所云。

诗歌琢句法的假借格

《天厨禁脔》中谈到诗歌琢句法,其中有假借格,就是说为了对仗工整,可以假借同音字。如"根非生下土,叶不坠秋风","五凤寒不下,万木几经秋",都是以"秋"对"夏"(下)。"因寻樵子径,偶到葛洪家","残春红药在,终日子规啼",都是以"紫"(子)和"红"(洪)相对。"闲听一夜雨,更对柏岩僧",是以"一"对"百"(柏)。"住山今十载,明日又迁居",是以"十"对"千"(迁)。

明朱承爵在《存余堂诗话》中反对这种钻牛角的研究,他说:"余谓古人琢句,亦或未用意至此,论诗者不几于凿乎?"

同是明朝的俞弁不同意朱承爵的意见,他在《逸老堂诗话》里又举了些例子:孟浩然有"厨人具鸡黍,稚子摘杨梅",以"鸡"对"羊"(杨);杜甫有"枸杞因吾有,鸡栖奈尔何",以"狗"(枸)对"鸡";韩愈有"眼昏长讶双鱼断,耳热何辞数爵频",以"鱼"对"蛟"(爵)。最后他认为:"皆是假借,以寓一时之兴,唐人多有此格,何从穿凿为哉?"

既然在诗歌中找出了这么多例证,怕不是偶然巧合,不是后人子虚乌有的疑神暗鬼。古人作诗是很注意炼字的,推来敲去,不妥不休。这其中也就可能把同音假借"炼"了进去,埋下一个耐人寻味的"谜"。果如此,我们要对作者的创作态度肃然起敬,对研究者深挖细搜的探宝精神折服,不然我们永远体味不到这橄榄的余味。

宋绍兴年间,蔡京让辽国的使臣李俨在馆舍住了很长时间,有一天李俨正在饮酒,忽然拿起盘子里的一枚杏说:"来未花开,如今多幸。"意思是抱怨宋皇帝接见太晚。用"杏""幸"同音表达。蔡京反应很机敏,马上拿了一只梨说:"去虽叶落,未可轻离。"意思是说,你来时花还没开,虽然现在叶子都落了,但也不能轻易就走。利用"梨""离"同音表达挽留之意。这里同音字进入了外交辞令,意思表达得委婉,又不失外交语言的礼貌。同时又明白无误,大家心照不宣。利用现场的水果语意双关地做了暗示,表现了双方的应变能力和驾驭语言文字的能力。(事见《老学庵笔记》)

有的是无意巧对,但却是自然天成。如"当时物议朱云小,后代声名白日悬",朱云是汉成帝时人,官位低而敢于直谏,几乎被杀。这里是"朱云"对"白日",以人名对太阳,虽出无意,客观上却是巧对。又如"世上岂无千里马,人中难得九方皋","千里马"对"九方皋"也是妙对。

古代诗歌评点家们,对诗歌反复玩味,来回咀嚼,像吃甘蔗一样把最后一点糖分都给榨出来了。虽然有时有点钻牛角,微言大义,但这种锲而不舍的劲头是非常可贵的。

辑三 字形相近多事端

字形相近误读笑谈

抄写者应当一丝不苟，一笔之误就会出大问题。"文革"中不是有这样一个笑话吗？一个插队知青给家里写了一封信，有云：我和老大狼住在一个坑里。家里人莫名其妙，原来把"娘"误写成了"狼"，"炕"写成了"坑"。这是对"四人帮"愚民政策的讽刺。汉字字形相近者很多，刁刀、土士、千干、人入、鸟乌、苦若、戍戌戎戊戉、己已巳乙等等不胜枚举，稍一疏忽，就会读错。手头一懒，不翻辞典，错别字就会出现。即令大学问家也在所难免。汉字真是一笔宝贵而又难于掌握运用的财富。对于不甚通文墨的人更为困难，时有笑谈。

有一武生在考场中抄"盖汤之于（於）天下"六个字。"盖"字写成了"羊血"，"之"字原本是草体，误抄作"三"字，"於"（有时写作"扵"）误写作"打"字。于是这句话就成了"羊血汤三打天下"。（见《笑笑录》）

《笑笑录》里载一个"杜康庙"的故事。

杜康可谓中国的"酒神"。一帮酒徒要建一座杜康庙，破土那天,挖出一块碑。这时大家都喝得迷迷糊糊,看见碑上有"同大姐"三个字。于是决定再为杜康庙添设后寝,增加了一位杜夫人。庙建成了,请县令来拈香,见到了那块碑非常吃惊地说:"此周太祖碑也。"连忙让人抬到庙外去。夜间就梦见一个衮服冠冕的人来感谢,说:"我是前朝周太祖,错配杜康为夫妇,若非县令亲识破,嫁着酒鬼一世苦。"这则笑话,巧妙地把极其相似的"周太祖"和"同大姐"六个字凑在一起,编成一个警诫人们不要读错别字的故事。

武生、酒徒识字不多,读些写些别字尚有情可原。而身为在国子监读书的监生错字连篇就不应该了。《嘻谈续录》里有一则很有名的笑话,就是讥笑这类人的。一位监生读《水浒》,适有友人来访,问他看何书,答道:"《木许》。"友人很诧异,从来没听说这样一本书,问他书中都是什么人。答道:"有一季达(達)"。友人更感到奇怪,古人名中从未听到过这个人,问他季达是什么样的人。答道:"手使两把大爹,有万夫不当之男。"一个监生竟然把《水浒》读作《木许》,"李逵"读作"季达(達)","斧"读作"爹","勇"读作"男",其文化根底可想而知。一监生只顾埋头读经,戏曲小说俚俗之文是不屑一顾的。一接触小说,自然不知《水浒》为何物。然而他读错的这几个字确实很相似,也就原谅他吧。讽刺难免夸张,浒、许不分,浒读半边难免。水、木不分就是夸大了。一监生尚不至于如此。

监生自读别字,害及本身,一些教书先生读别字,就误人子弟了。

有一位训蒙先生爱读别字。东家讲明：每年薪水米谷三石，伙食费四千。如果出现一个别字，罚米谷一石，如果教一句白字，罚钱两千。到馆后，和东家在街上闲走，见石刻有"泰山石敢当"五字。先生误认为"秦川右取当"。结果被罚去一石米。教学生读《论语》，"曾子曰"读作"曹子曰"，"卿大夫"念作"乡（鄉）大夫"，后来又把"季康子"读成"李麻子"，"王曰叟"读作"王四嫂"。最后薪水、伙食费全扣光了。先生颇有感慨，遂作打油诗一首，加以总结："三石租谷苦教徒，先被秦川右取乎。一石输在曹子曰，一石送与乡大夫。"其二曰："四千伙食不为少，可惜四季全扣了；二千赠予李麻子，二千给予'王四嫂'。"这位先生倒还有反省自知之明。

从前杭州讽刺假儒不识字就说他"都都平丈我"。原来是把《论语》里的一句话读错了。这句话是"郁郁乎文哉"，意思是多么繁荣发达的文化礼仪啊。这是孔子赞美周朝的一句话。因为"郁"像"都"，"乎"像"平"，"文"像"丈"，"哉"像"我"。没有真才实学的私塾先生就"都都平丈我"起来。宋人曹元宠有一首《题村学堂图》诗：

　　此老方扪虱，众雏争附火。
　　想当训诲间，都都平丈我。

"想当训诲间"一作"想当文字间"。一位教书先生正在捉虱子，学生们争着烤火取暖。画是没有声音的，但是可以想见老师上课的时候教的就是"都都平丈我"之类的错别字,活画出了村学的简陋寒酸,师生学识的浅陋。大家都读"都都平丈我",习以为常,不知其谬误。一天一位饱学宿儒到了学馆,纠正他们的错误,反而把学童都吓跑了。有人作打油诗曰:

都都平丈我,学生满堂坐。
郁郁乎文哉,学生都不来。

读错别字,学生却学得津津有味,读正确的,学生反而认为错了,谁也不来上课,谬种流传,以至于此。

还有的笑话是写官吏读别字的。

《嘻谈续录》里载:有人拿钱买了一个官做。上堂问案子,书吏送上一个名单,上面开列了原告、被告和证人。原告叫郁工来,被告叫齐卞丢,证人叫新釜。这位官老爷笔点原告郁工来,因他不大识字,误读作"都上来"。于是三人一齐上堂。官很生气地说:"本县叫原告一人,因何全上堂来?"书吏在一旁不便直言,因而告诉他原告名字另有念法,不叫都上来,叫郁工来。县官又点被告名字,把齐卞丢读作"齐下去"。三个人都下堂了。县官又很生气地说:"本县叫被告一人,因何又全下去?"书吏又告诉他被告名字另有念法,叫齐卞丢,不叫齐下去。县官说:既然如此,你说证人名字该叫什么?书吏说:"叫新釜。"县官回嗔作喜曰:"我就估量他必定另有念法,不然我要叫他'亲(觐)爹'了。"

既然是笑话,为了和"都上来""齐下去"形近,自然给原告起了"郁工耒",给被告起了"齐卞丢"的怪名字,这样才能让我们这位父母官露丑,幸亏他善于补过,"悬崖勒马"没把证人"新釜"认作"亲(親)爹"。

《坚瓠集》里记载,明代画家文徵明生年甲子与屈原相同。因之刻图章为:"唯庚寅吾以降"(《离骚》语)。有一位太守从北方来了,听说文徵明善于绘画,就问别人:文先生之前有没有比他画得更好的人?回答:有,唐伯虎。又问唐伯虎名字叫什么。回答:唐寅。这位太守一下子跳起来说:"文先生太谦虚而尊重别人了。"人家问他怎么回事。他说:我看见文先生的一枚图章是"唯唐寅吾以降"。这位地方官不认识"庚"字,而误认为"唐",人家文徵明利用《离骚》原句说明庚寅年生人。这位地方父母官却理解为:只有唐寅我才服气。难怪"闻者喷饭"了。

南宋大诗人杨万里也有一时疏忽,疏于查证而读错人名的时候。《鹤林玉露》里提到这样一件事:

> 杨诚斋(即杨万里)在馆中,与同舍谈及晋"于宝",一吏进曰:"乃干宝,非于也。"问:"何以知之?"吏取韵书以呈,'干'字下注云:"晋有干宝。"诚斋大喜曰:"汝乃吾一字之师。"

"干""于"相差无几,只是小小一钩号结果让学问如杨万里者和他的朋友读了别字,让干宝改了姓。

中国人尚且如此,学习汉语的外国人更可想而知。问及学习汉语有哪些困难,往往回答:声调和汉字。诚然!如何解决?愚以为:第一,以勤补拙,死记硬背。第二,形似的字时时对比。第三,确切理解形似字的词义。

一笔一画当仔细

唐朝有个姓单的进士。考试的时候,考官把他的姓单（單）写成了"单"。他申辩说："我虽然出身寒微,但是不希望别人把我的姓改写,请改正过来。"考官说："方口还是尖口有什么关系呢,有什么值得辨别的。"单进士回答："如果不值得辨别清楚,那么,台州吴儿县改成吕州矣儿县行吗?"考官无言对答。（事见《善谑集》）

单进士出发点是维护个人尊严,客观上他却坚持了正确的书写原则,偏旁部首不能随意替代。简化"单"字上面是方口尖口还不至出现误解,因为"単"字不存在。像"台"和"吕"就马虎不得了,这类的字太多了,如侍和待,杨和扬,藉和籍,等等。古人经常说姓杨的是木、昜——杨（楊）,实际上是大概而言,如认真起来,这样说是不对的,应是木、易——杨（楊）。汉朝的人扬雄有人写成了杨雄（和《水浒传》的人物同名）,又把"木"和"扌"混了。

书写的随意性和传抄的错讹,使中国古代有的地名就以错就错,真的改变了。

宋人王楙在《野客丛书》里就举了一些例子：

冲（衝）开（開）→潼关（關、关）

笄头山→讦屯山

姑臧→始臧

长仙→长山

屯氏河→毛氏河

新渝→新喻

宋人洪迈从《汉书·地理志》也发现不少类似情况：

隆虑（慮）→林庐（廬）

荡阴→汤阴

堵阳→者阳

鄃→输

宛句→冤朐

沙羡→沙夷

不其→不基

承阳→烝阳

余汗→余干

汁方→十方

味→昧

鹄泽→梧泽

这些地名有的可能是因音近而讹的，但很大的可能性是转抄时的偷懒或马虎。

中国的地理名称本来就由于历史的悠久、朝代的更替、人名的避讳、区域划分的频繁、政治的需要、传说故事的影响，等等，搞得一地多名，非常复杂。再加上笔误和字音的讹变，使中国的地理名称更为复杂混乱，无端增加了记忆辨别的困难。

是"丁",是"个",还是"十"

《新唐书·张弘靖传》里有这样两句话:"而辈两石弓,不如识一丁字。"意思是能拉两石力量的弓,还不如认识一个"丁"字呢。宣扬的是重文轻武,万般皆下品,唯有读书高。

宋人孔毅父在《续世说》里也引用了这两句话,但是稍有出入:"汝曹能挽两石弓,不若识一个字。"意思是你们能拉开两石弓,不如认识一个字好。

张弘靖说的到底是拉开两石力量的弓,不如认识一个"丁"字呢,还是不如认识一个字呢?这就成了后人争论的话题。

"丁"和"个"太相近了,书写时一不注意就会混淆。幸亏这两个字在这里都讲得通。说不如识一个"丁"字,是强调了"丁"字只有两画,结构极其简单这一特点,掌握这个字非常容易。所以后来强调一个人没有文化,就用"目不识丁"来形容。说"不若认一个字",这是从数量上强调了有文化的重要性:即使只认识一个字,也强于拉硬弓。

后来清朝人黄协埙在《锄经书舍零墨》里也谈了自己的意见。他认为"'一丁'二字沿用已久,今骤改个'个',不特改整为碎,且不能一览而知也"。他说的已经超出了考证的范围,讲的是约定俗成,不管是何者,延用已久,不必再改。实际上他认为"丁"比"个"好。由"丁"改"个"就是"改整为碎"。意思是说"丁"字是确指的,"个"字是泛指的,可以是任何一个字。用一个确指的"丁"字,"能令人一览而知",也就是与前面的拉两石弓形成了更强烈的对比。

我们可以把用"丁"和用"个"做一下对比。"挽两石弓,不若识一个字。"强调的是虽有拉两石弓这么大的力量,顶不上认识一个字更有出息。"而辈两石弓,不如识一丁字。"强调的是纵有拉两石弓的力量,还不如认识一个最简单的"丁"字呢。前面说的"一个字"只强调了数量没强调繁简难易,后面说的"一个'丁'字"既强调了数量又强调了它的易认易写。那么为什么不用"一"和"二"呢?这两个字不是更简单吗?理由很简单,如果说"不如认一'一'字",容易混淆不明,让人不知所云。且"一""二"一般不识字的人由笔画也能判断出意义。而"丁"字却是笔画最少又不能由笔画推断出意义的字。所以用"丁"字是有道理的。

宋人王楙在《野客丛书》里又举出在《蜀志》《南史》里都有"所识不过十字"。《史通》有"仅通十字"等语。王楙于是就认为"'丁''个'恐是'十'字,亦未可知。'十'与'丁'字又相似,其文盖有据也"。王楙的意见是,由这几本书的记载,反证《新唐书·张弘靖传》里的话是根据这几本书来的。那么原话就应当是"不如认一'十'"字。王楙的假设是不能成立的。"而辈两石弓,不如识一十字。"果如此,则两个数目字相连,很容易产生歧义,也难让人明白。另外,从王楙所提到的证据看,不是说不认识"十"这个字,而是说文化水平不多,仅仅认识十个字。这与"不如识一'丁'字",风马牛不相及。

但是"丁""个""十"三字如果书写不注意,很容易混淆。"丁""个"之争很有可能是抄写错误所造成的。这三个字抄错了,在这里也不过对语义理解稍有影响,无关大局。但是有时因一笔一画的不同,会出现完全不同的后果,那就马虎不得了。

清人陆以湉说:"官府案牍,有更易一字而轻重悬殊者,吏胥每藉是以舞弊。"(《冷庐杂识》)这种例子还真有。《坚瓠集》里就记了这样一件事:

> 如皋有一善刀笔吏,见石庄司巡检申文,内称"巡检司弓兵某等,拿获巨盗若干名"。因语之曰:"弓兵获盗,于官何与?"文已将投,不及窜改,索其五金,乃于司字旁直添一笔为"同弓兵某等获盗",申文上而巡检得旌矣。

这位刀笔吏可谓刁笔。"巡检司弓兵某等,拿获巨盗若干名。"功在弓兵,确实与巡检本人无涉。改为"巡检同弓兵某等,拿获巨盗若干名",这就成了在巡检带领下拿住了强盗,功主要在巡检。将"司"加一竖而为"同",一竖值千金,贪天之功据为己有,还得了上司的表扬。

陆以湉也讲了另外一种情况,"尝改一字,救人之生"。

他还举了一个例证：有一位州吏接手一桩盗窃案。犯人供称："纠众自大门入。"已经判决了。州吏认为这些犯人是由于太穷苦，偶尔作案，不是真正的强盗。他就对州官说："这种到案以后立即承认并供出作案实情的，必定不是惯盗。现在不论首犯从犯一律斩首，似乎不太恰当。"州官以上峰追逼太紧，所录口供来不及改窜为由拒绝改判。于是州吏就请在"纠众自大门入"的"大"字右上方加一点。这样就成了"纠众自犬门入"。"纠众自大门入"是明火执仗抢劫的强盗。"纠众自犬门入"就成了鼠窃狗偷的小偷小摸。前者量刑当杀，后者量刑免死。多了一个点，判决大不同。州官接受了他的意见，一下子拯救了十多条人命。

还有一个用刀杀人和甩刀杀人的故事，本来罪犯是用刀杀人，判案者把"用"字改成了"甩"字。用刀杀人是故意杀人，甩刀杀人是过失杀人，一有意一无意，二者量刑大不相同，一拐之差，只是半笔，却关系到生死。

汉字形近者不少，鲁鱼亥豕的错误经常出现。书写不得不慎，应当养成良好的习惯。明人陈继儒《太平清话》在《昨非庵日纂》里说的一段话可以为鉴：

> 余得古书，校过付抄，抄后复校；校过付刻，刻后复校；校过即印，印后复校。然"鲁""鱼""帝""虎"（按：虎之异体字为"席"，易与"帝"混同），百有二三。夫眼眼相对尚然，况以耳传耳。其是非毁誉，宁有真乎？

"形天"和"刑天"

古代作家的创作,大多是先在民间流传,互相转抄。这样辗转倒手就很容易出错。汉字形体相近者本来就很多,加之抄写者马虎,或者以己意揣度,妄加改窜,结果就与原文不符。难得的是搞错了但还讲得通。这就无端地给后人增加了辨伪的麻烦。这种例子是很多的。

宋人曾季狸从顾陶的《唐诗类选》中就发现了杜甫的诗和当时的版本多有不同。顾陶距杜甫生活的时代不远。杜甫生卒年分别是712年和770年。顾陶大约生于783年,待其成人后,与杜甫相距几十年,应当说他的《唐诗类选》中杜甫的诗更为可靠。从顾陶到曾季狸时间不到三百年,杜诗中已经有很多字改变了。如:

斫却月中桂→折尽月中桂
老夫贪费日→老夫贪赏日
秋至辄分明→秋至转分明
池中足鲤鱼→河中足鲤鱼

赋或似相如→赋或比相如
老思筇竹杖→老思筇作柱
衰疾那能久→衰病那能久
丹青野殿空→丹霄野殿空
欲挂留徐剑→欲把留徐剑
榉柳枝枝弱→杨柳枝枝弱
枇杷树树香→枇杷对对香
宫女开函近御筵→宫女开函进御筵

斫和折、费和贪、辄和转、池和河、似和比、竹杖和作柱、疾和病、青和霄、挂和把、榉和杨、树树（樹）和对对（對）、近和进大概都是字形相近而误（近和进可能是音同而误）。

有的诗句全句字字都讹，面目全非，意义不同。

陶渊明《读〈山海经〉》（其十）：

精卫衔微木，将以填沧海。
形夭无千岁，猛志固常在。
同物既无虑，化去不复悔。
徒设在昔心，良晨讵可待。

宋人曾纮对"形夭无千岁，猛志固常在"两句"疑上下文义若不连贯"。于是他就查了《山海经》，书中载："刑天，兽名，口中好衔干戚而舞。"他恍然大悟，原来"形夭无

千岁"乃是"刑天舞干戚"之误。(《二老堂诗话》)

宋人周紫芝说他也发现了这个问题(见《竹坡诗话》)。宋人周必大在《二堂老诗话》中说周紫芝"复袭纮意为己说",是剽窃别人研究成果。周必大认为这种发现是错误的。陶诗"形夭无千岁"没错。理由是《读〈山海经〉》共十三首,每首大概都是写一件事,所以这一首也是专写精卫填海的事。意思是精卫衔木填海,虽然它没有千岁的寿命,但是远大的不折不挠的精神是永存的,即令死去也始终不悔。他认为如果前面说的是精卫,后边突然转到刑天,似乎接不上。况且"徒设在昔心,良晨讵可待?"跟刑天舞干戚的勇猛没有什么关系。他的意思这两句是承精卫填海说的:空有昔日填海的雄心壮志,但怎能看到实现理想的美好时日呢?

周必大如此解释似也能自圆其说。但是曾纮据《山海经》而更正更为合理。再者,周必大忽略了一点,那就是刑天为什么舞干戚。刑天原来是和帝争神位的,失败了,让帝砍了头,但是他并没有死,而仍以乳作目,以肚脐作口,拿着干戚而舞,他还要斗争下去,不屈不挠。所以最后两句诗为什么不能解释为是就精卫和刑天二者而言的呢?

现在人们公认"刑天舞干戚"是对的。因为形、刑,夭、天;无(無)、舞,千、干,岁(歲)、戚,这五对字太相近了,结果一句五字,字字不同。再加上二者都可讲得通,于是就出现了这场文字公案,徒然让人耗费了精力。

"千里"和"十里"

千里莺啼绿映红,水村山郭酒旗风。
南朝四百八十寺,多少楼台烟雨中。

这是唐诗人杜牧的《江南春》。明人杨慎对其中的"千"字产生了怀疑。他在《升庵诗话》里发了一段议论:

唐诗绝句,今本多误字,试举一二,如杜牧之《江南春》云"十里莺啼绿映红",今本误作"千里",若依俗本"千里莺啼",谁人听得?"千里绿映红",谁人见得?若作十里,则莺啼绿红之景,村郭、楼台、僧寺、酒旗,皆在其中矣。
又《寄扬州韩绰判官》云"秋尽江南草未凋",俗本作"草木凋"。秋尽而草木凋,自是常事,不必说也;况江南地暖,草木不凋乎。此时杜牧在淮南而寄扬州人者,盖厌淮南之摇落,而羡江南之繁华,若作"草木凋",则与"青山明月""玉人吹箫"不是一套事矣。余戏谓此二诗绝妙,"十里莺啼"俗人添一撇坏了;"草木凋",俗人减一画坏了。甚矣,士俗不可医也。

杨慎这段评论,清人何文焕就很不以为然。他在《历代诗话考索》中针对"千"和"十"问题,说了一段话:

升庵谓"千"应作"十"。盖千里已听不着看不见矣。何所云"莺啼绿映红"邪?余谓即作十里,亦未必尽听得着,看得见。题云《江南春》,江南方广千里,千里之中,莺啼而绿映焉。水村山郭,无处无酒旗,四百八十寺,楼台多在烟雨中也。此诗之意既广,不得专指一处,故总而命曰《江南春》。诗家善立题者也。

何文焕说得对,你杨升庵说千里之内不可能听见莺啼,看得见绿映红,那么十里难道就行了吗?十里之内的莺啼也不可能都听得到,十里之内的绿映红也不可能尽收眼底。不要忘了杜牧写的是"江南春",包括的地域很广,是概括江南繁华景色的。按照杨升庵的逻辑,我们还可以这样问杨升庵:在十里之内,怎么可能有四百八十寺呢?四百八十寺怎么可能尽在视野之中,而且知道在烟雨中呢?四百八十寺怎么数得这么准确呢?

用"千里"才能使全诗浑然一体,概述江南风物,诗情画意浓郁,用"十里"则矛盾百出,意境局促,视野狭小,诗意顿减。杨升庵评论"秋尽江南草未凋"用"未"而否定

"木"是对的。我们可以这样下结论:"千里莺啼",杨升庵减一撇坏了;"草木凋",杨升庵添一画对了。

这里接触到一个问题:文学作品是不是可以想象夸张。古代作家们都在那里运用着这一手法。我们可以断言杨升庵的作品不可能都是写实都是亲历。但是在他们评论起诗歌来,往往又把这一点忘了。苏轼是一个豪放派词人,他的作品想象夸张很多。可是他评起别人诗作来,也不免吹毛求疵。宋人范正敏《遁斋闲览》里记了这么一件事:

> 钱塘有学人作《竹诗》献东坡云:"叶攒千口剑,茎耸万条枪。"公曰:"此竹叶似太少。"其人未喻,公笑曰:"十竹方生一叶,岂云多耶?"

一千片叶子,一万竿竹,当然是十根竹子一个叶。如果把诗歌当作植物学标本,用数学方法计算,这两句诗确实自相矛盾,不合实际。但是诗歌终究是诗歌,作者写竹意不在竹,怎能做植物学的斤斤计较呢?苏轼是知道这一道理的,他的创作实践可以做证。他之所以如此,一种可能是对此人不满意,有意揶揄;另一种可能是友善地开个玩笑。

辑四 数词变幻

孔门弟子的年龄组

《论语·先进篇》里孔子曾问子路、曾晳、冉有、公西华各人的抱负。曾晳谈了他的愿望：

> 暮春者，春服既成，冠者五六人，童子六七人。浴乎沂，风乎舞雩，咏而归。

大意谓，暮春时节，天气渐暖，换上了单衣。五六个二十岁的小伙子，六七个小孩子一块在沂水里游泳，在舞雩这个地方乘凉，而后一块唱着歌回去。孔子很赞成曾晳这种潇洒任达的生活态度。

这段话里的"冠者五六人，童子六七人"却引出一个数学问题来。据传隋朝侯白写的《启颜录》里记了这样一件事。北齐的石动筩有一天到国学里去，他问国学博士：孔门弟子闻达于世的共七十二人，请问其中有几个已经二十岁了？几个还不到二十岁？博士回答经典没有记载。石动筩说："先生读书怎没读懂呢？已经二十岁的三十人，不到二

十岁的四十二人。博士问根据是什么,根据什么书如此理解的。石动筩接着说了下面一段话:

"冠者五六人",五六三十也;"童子六七人",六七四十二也,岂非七十二人?

这时大家才理解了他的幽默,"坐中大悦"。

本来"五六人""六七人"都是表示的概数,不确指。可以说五和六之间,六和七之间有一个未写出的顿号。石动筩开玩笑故意把五六和六七看作乘法表达方法,自然就成了三十和四十二了。事有凑巧,正好相传孔子得意门生也是七十二人。所以石动筩说冠者和童子"岂非七十二人?"是符合逻辑情理的。他虽然是故意歪解《论语》,开个玩笑,但从语言逻辑上你还真不好反驳他。

另外,本来中国古代两个数词连用就有两种意思。一是可以作概数约数来看,二是可以作为乘法的积来看。所以石动筩就钻了这个空子,给他提供了一个可乘之"积"。

古代数字连用表示概数的例子很多。《诗经·氓》就有:"嘒彼小星,三五在东。"《左传·鲁文公十三年》有"请东人之能与夫二三有司言者,吾与之先"。《晋书·羊祜传》有:"祜叹曰:'天下不如意,恒十居七八,故有当断不断。……'"《宋史·朱勔传》有"贡物载五七品"。文学作品里,如辛弃疾词《西江月》有云:"七八个星天外,两三点雨山前。"董解元《西厢记》有"接屋连甍,五七万人家"。

数词连用表乘数之积的也很多。《宋书·礼志》："素秋二七，天汉指隅。"陈后主《东飞伯劳歌》："年时二七犹未笄，转顾流盼鬟鬓低。"这里的"二七"都指十四。《左传·襄公十一年》："女乐二八"，指有女乐十六人。《礼记·视运》："三五而盈，三五而阙。"《古诗十九首》："三五明月满，四五蟾兔缺。"这里"三五""四五"分别指十五、二十。陶渊明《杂诗》："年始三五间。"鲍照诗《玩月城西门廨中》："三五二八时，千里与君同。"苏轼诗《李铃辖坐上分题戴花》："二八佳人细马驮，十千美酒谓城歌。"《红楼梦》中贾雨村作的绝句有"时逢三五便团圞"。以上两个数词连用都是表达的乘法的积，包括"十千"在内。

汉光武帝刘秀在长安的时候，疆华从关中奉上一个《赤伏符》，上面写着："刘秀发兵捕不道，四夷云集龙斗野，四七之际火为主。"（《后汉书·光武帝纪》）这里"四七"就是二十八。从刘邦到刘秀开始起兵共二百二十八年，尾数二十八正合"四七之际"。《魏书·胡国珍传》载："又诏自始薨至七七，皆为设千僧斋。""七七"四十九天。人死之后，每过七天为一忌日，所以人死后就有一七、二七、三七……七七之说。逢七祭祀，到七七结束，至今这一风俗在一些农村犹存。张衡《东京赋》："属车九九，乘轩并毂。""九九"指八十一辆车。古代自冬至后第二天开始计算，每九天为一"九"，遂有一九、二九……九九时令，这也是按乘法计数的。

古代表示概数大多是相邻的两个数词连用，小数在前，大数在后。相间的数词连用的最多是"三五""三三五五"。

李白《采莲曲》就有："岸上谁家游冶郎，三三五五映垂杨。"晋人乐府《娇女》诗有："鱼行不独自，三三两两俱。"陆游《夜兴》诗有："夜阑扶策绕中庭，云罅三三两两星。"这是大的数词在前，小的数词在后，用法比较特殊。

现代汉语中数词连用所表示的意义，除了祭祀旧俗的一七……七七以及时令的一九……九九等，仍保留着乘法的计数特点外（这两组数目词的第一个数词也可以看作次第数次），古代大量数词连用表示乘法积的功能都被淘汰了。现在数词连用大多表示概数。

数目字的代称

封建社会好些行业都有行会，还有一些秘密组织，为了内部交往的方便和保密。便有了行话，这是一种特殊的信息系统。《智取威虎山》杨子荣去见座山雕，两人便以行话（也可以说是黑话）对答，座山雕以此考验杨子荣是不是自己人。所谓秘密接头的暗语，也是行话的变种。行话要说，说就有声音，保密得还不彻底，于是又有了无声的语言——手语，这里不是指的哑语。而是牙行做交易用的信息系统。手语表达功能有限，所以只限于简单的数目字的信息传递。买方卖方为了不让外人听见，也碍于面子，不好直接讨价还价。便两手相握，袖筒一罩，袖里乾坤，捏七别八勾九地"交谈"起来。

做生意谈买卖离不开钱物，常常要保密，不愿直接表达，也就有了这方面的行话。清人褚人获在《坚瓠集》中引用《委巷丛谈》的话说："杭人三百六十行各有市语，不相通用，仓猝聆之，多不能解。"并举数目字为例：

"一"——忆多娇

"二"——耳边风

"三"——散秋香

"四"——思乡马

"五"——误佳期

"六"——柳摇金

"七"——砌花台

"八"——霸陵桥

"九"——救情郎

"十"——舍利子

一至十每个数词都由三个字的词组或用名词代替,第一个字又和数词的音相近或相同,所以对"外行"人来说是保密的,对内行人来说是明确的,数词隐藏于三字之中。

褚人获认为这种数词替代的行话市语不如他家乡长洲(今江苏苏州)的更有文理。当时长洲的数词表达方法是这样的:

"一"——旦底,("旦"字的底就是"一")

"二"——断工,("工"字中间断开,少一竖就是"二")

"三"——横川,("川"字横倒就是"三")

"四"——侧目,("目"字是竖看的,侧倒了就是"四")

"五"——齾丑,("齾",读音yà,是缺损的意思,"丑"字缺损不全就是"五")

"六"——撒大,("大"字撒开断裂就是"六")

"七"——毛根(或皂脚),("毛"字的下部是根,"皂"字的下部是脚,都是"七")

"八"——人开,("人"字两画分开不相交就是"八")

"九"——未丸,("丸"字没有完成,当然是缺最后一点,也就成了"九")

"十"——田心,("田"字的中心就是"十")

前面提到的杭州数词行话隐语:"忆多娇""耳边风"等,虽然有隐蔽性,但终究把数词的音带出来了,保密性总差一些。"旦底""断工"之类,则完全撇开了数词的声音因素,用一种字谜的方式表达,就更具有趣味性、智能性、保密性。这大概就是褚人获说的更有"文理"吧。但是杭州市语也有它的长处。它既包含数词的读音,又多半是市俗的"耳边风""救情郎"之类的常见词语,对那些目不识丁的人来说比较容易掌握。而吴县的"齾丑""未丸"之类的字谜,恐怕是一些文人造出来的,文盲很难理解,也只能死记硬背,只知其音不知其内含地应用,普及性会差些。

"旦底""断工"等用字谜代替数词,是用俩字代替一个字,作为字谜可以说是简而又简,这符合行话词汇简洁明达的需要。

另外还有一些数词诗词谜,虽然没有什么实用价值,可是从中却能看出汉字结构的一些特点和双关语的运用,饶有趣味,给人一种美的享受和智慧。

有一首表示数词的诗是这样的:

百万军中卷白旗,(百字卷走白字只剩一)
天边豪富少人知。(天字少了人字只剩二)
秦王斩了余元帅,(秦字砍掉余字只剩三)
辱骂将军失马骑。(骂(罵)字失去马字只剩四)
吾被人言欠口信,(吾字欠个口字只剩五)
辛苦无干柱自嗟。(辛字没有干字只剩六)
毛女受刑腰际斩,(毛字被腰斩,下边只剩七)
分尸不得带刀归。(分字不带刀字只剩八)
一丸妙药无人点,(丸字没有点那一点只剩九)
千载终须一撇离。(千字要让一撇离开只剩十)

诗里的字词、短语如:卷、少、斩、失、欠、无、腰斩、不得带、无人点、撇离都有双关意义。对百、天、秦、骂、吾、辛、毛、分、丸、千来说都有使之失去偏旁部首或者字某画的含义。在诗句的表层意义上又各自有其特殊作用。这首诗作者写出来是难得的,但从意义来说有些上下不够连贯,句子也较笨拙,有的斧凿之痕太明显,有硬拼生凑之嫌。另外有一首词曲写得要好得多:

灯儿下金钱卜落,(下去卜为一)

这苦心一一谁知道。(一一为二)

到春来人日俱抛,(春去人日为三)

欲罢时何能自了!(罢繁体为罷,罢字中能字自了了为四)

吾心正焦,有口向谁告?(吾无处可诉,不如无口,无口为五)

好相交,有上稍来没下稍。(交字有上边没下边为六)

既皂难留白,(皂不留白为七)

少不得中间分一刀。(分字少一刀为八)

从今休把仇人靠,(仇不要靠着人为九)

千思万想,不如撇去了好。(千字去了一撇为十)

这首词曲表达了弃妇的悲苦心情。灯下算卦,有苦难诉,欲罢不能,始乱终弃,最后下定决心,一刀两断;不再苦恋,意义连贯。数词于词句之中隐蔽性更强,不露痕迹,双关含意结合紧密。"灯儿下金钱卜落","欲罢时何能自了","好相交,有上稍来没下稍","千思万想,不如撇去了好",这些句子表层义和数词的隐蔽义双关结合得可谓天衣无缝。

随着社会文明的发展,宗法社会的逐渐解体,行话渐渐消失,而只剩下一些支离破碎的黑社会流氓团伙的黑话暗话了。

不论是清代杭州还是江苏的长洲,那些数词的代替语,就声音来说都发生了变化,本来是一个音节的数词却变成了三个、两个音节。这种现象,至今仍有发生。"一"不读本音,读 yāo(幺),"〇"读 dòng(洞),"七"读 guǎi(拐)。"一"读作 yāo,已很普遍。"〇""七"的异读只是在特殊情况下才有。考其缘由,可能是辨音更加清楚,不致产生混淆。起初可能是财经、公安等部门的"行话",久而久之,口耳相传,反而约定俗成推广开来。

汉语数词的大小写

表示排列前后的顺序次第，自古至今中国有很多方法，约略计之，大概有下面几种：

一、小写的汉语数词：一、二、三……

二、大写的汉语数词：壹、贰、叁……

三、天干：甲、乙、丙……

　　地支：子、丑、寅……

四、某些汉字。如古代长篇小说《梼杌萃编》共十二编，每编以一字代表。如禹编、铸编等。依次为：禹铸鼎，温燃犀，抉隐伏，警贪痴。

五、副词。如首先、其次、再次。

六、在小写数词上加词头。如：第一、第二；老大、老二；行一，行二。

七、阿拉伯数码：1、2、3……

八、大小写英文字母。

九、罗马数字：Ⅰ、Ⅱ、Ⅲ、Ⅳ、Ⅴ……

十、某种符号。如*、**、***……ⅰ、ⅱ、ⅲ……

前六种是中国原有的传统表示序列的方法，后四种是近代西方文化传入中国之后出现的。

小写的汉语数词一二三四五六七八九十和大写的汉字数词壹贰叁肆伍陆柒捌玖拾，除了前者可加词头，后者一般不能加词头外（古代有之），意义上并无区别。二者都可作数词用，又可以作次第数词用。不过，现在小写汉字数词用得更多，大写汉字数词只在特殊情况下运用而已。

小写的汉语数词甲骨文中就有了。大写的汉语数词起于何时呢？古人早有争论。有的说开始于明初刑部尚书开济。有的说在宋朝《昆山志》里就出现了。《辞源》里引用了清顾炎武《金石文字记》卷三《岱岳观造像记》中的意见："数字大写，唐武后所改。"那就是说起于唐朝武则天。

清朝学者俞樾认为"壹贰叁肆等字隋唐已然"。他的依据是隋朝的龙藏寺碑文，其中有"劝奖州内士庶壹万人等"字句，这里的"一"写作"壹"。他把大写汉字数词的起源又推到了隋代。

接着他又举出开元寺《贞和尚塔铭》中有"开元贰拾陆年"字样；元和华岳庙题名有"壹月贰拾陆日"，又有"元和拾伍年壹月"字样；尉迟恭碑有"粟壹仟伍佰石"字样。（《茶香室续钞》卷十五）这里大写汉语数目字既可以作次第数词用，又可以作数词用。

尉迟恭是隋末唐初人，是唐朝开国元勋，在武则天前。开元是唐玄宗李隆基的年号，元和是唐宪宗李纯的年号，二人都在武则天之后。由此推之，我们大概可以得出这样的判断：隋朝和唐初大写的数词已经出现，经武则天认可，推波助澜，唐时曾经较多地使用，开始普遍运用。

但是，关于大写数词的使用，还是有过不同意见。武则天是同意的，到了唐玄宗先天二年三月（713），也就是武则天死了八年之后，李隆基就下诏书，凡是表、状、书、奏、笺、牒等公文的年月都要用小写的数词。诏书限制了公文，可能没限制其他文体，也或者是民间依然我行我素，也或者是后来的宪宗未恪守遗训，总之宪宗元和十五年（820）的华岳庙题名仍然用了大写的数词。

到了明朝朱元璋时，开济又定下了规矩：官私文书中，一至十字都要用大写数词。与唐玄宗的意见相左。

有了一套小写的数词，为什么还要搞一套笔画繁复的同音字的大写数词呢？

古人认为小写的汉字数词笔画太少太简单，很容易被坏人添加笔画篡改，造成财物数目增减之弊，公文关防的伪诈。"以妨奸胥改窜之弊"（《坚瓠续集》卷二），所以就要用笔画繁多的大写数词，这样"可以杜改易之弊"（《茶香室续钞》卷十五），不给人以可乘之机。大写数词虽然写起来比较麻烦，但是有小写数词不可替代的作用。所以至今仍然沿用。在一些钱财交往的票据中，往往除了填写阿拉伯字码的数目外，还要在规定的栏目中填写上大写的汉写数目。其用意仍在于防止人们改写单据数字，从中捣鬼。不过，大写数词的次第顺序功能已逐渐消失，只剩下表示数目的功用了。

辑五 词意「官司」

规定情景中的词义

明成化年间，有一个叫陈公甫的，应试南宫，八股文的题目是"老者安之"。于是他开头破题写道："人各有其等，圣人等其等。"考官不满意，就在他卷子上戏谑地批道："若要中进士，还要等一等。"这里五个"等"字有三个意思。第一、三个"等"字是等级、阶层，第二个"等"字是名动用法，区别、划分的意思。第四、五个"等"字是等待、等候。语境不同，则各有其意，这类例子俯拾皆是。

封建社会可以用钱买功名。有一个买了监生的人，没有多少文化，不会作八股。可是后来又非让他考试不可，他拿了卷子只好自批自嘲地写道：

因怕如此，所以如此。仍要如此，何苦如此。

连用四个"如此"，表示对考官言而无信的不满和自己追悔莫及的心情。一、三两句的"如此"和二、四两句的"如此"各是一个意思。大意谓：因为害怕考试，所以才纳粟买功名躲过考试。既然仍要考试,我何苦花了钱还要考试。四个"如此"用得很妙,既谐诙意思又不会混淆,悔恨怨艾的心情口气表达得很充分。

唐朝末年的韩建做华州节度使的时候,苦于当地僧人不检点,专门设立了"僧正"一官。没想到他物色的人选不行,和尚更加放肆了。韩建就此事做了批示:

本置僧正,欲要僧正,僧既不正,何用僧正,使僧自正。

几句话像是绕口令。"僧正"二字,一是作名词,一是作主谓结构词组,二意交叉使用,词虽重复,而意思清楚:本来设置僧正官的目的是希望和尚行为检点。和尚既然仍不检点,那么何必设置僧正官呢,让和尚自己正身律己好了。

理解"如此"和"僧正"离不开具体的语言环境,但是有时语境也有让人产生误解的时候。宋词人晏儿道曾对蒲传正说:晏的父亲晏殊平日作小词很多,但是没有妇女恋情的语言。蒲传正马上举例说:"'绿杨芳草长亭路,年少抛人容易去。'岂非妇人语乎?"按他的理解就是:在绿杨芳草的路旁长亭送别情人,年轻的小伙子很轻易地抛下我就走了。晏儿道没有正面反驳他,只是反问道:"年少"什么意思。蒲回答:"岂不谓其所欢乎?"不是她的情人吗?晏儿道马上想起了白居易的两句诗读给他听:"欲留所欢(年少)待富贵,富贵不来所欢(年少)去。"意思是对蒲说,难道这里的"年少"能作情人理解吗？蒲传正马上理解了"年少"就是青春的意思。

如果孤立地看晏殊那句词，蒲传正的解释也说得通。晏几道如果就词论词，恐怕一下子还很难说服对方，因为"年少抛人容易去"的规定情景不太严密，容易生疑义。用了白居易的诗作反证就不言自明了。因为这两句诗里的"年少"情景规定很死，只能有一种解释，不可能解释为"小伙子"。

一词多义趣事

有一个呆子的故事。呆子同妻子到丈人家去吃饭，席上有生柿子，呆子拿起来连皮就吃。妻子在里间房里看见了，怨叹："苦也苦也。"呆子答道："苦倒不苦，只是有些涩。"（见《华筵趣乐谈笑酒令》）妻子说苦是糟了、坏事了、麻烦了的意思。呆子理解为味道苦，"苦"字一词多义引出了这个笑话。

宋朝有个司业林谦之和正字彭仲举，二人游天竺山，饮酒论诗，谈到杜甫诗的妙处，感情不可抑止，赞不绝口，醉呼："杜少陵可杀！"有一个不通文墨的人在隔壁听到了，到处向人说："有一怪事，林司业与彭正字在天竺谋杀人。"有人问杀谁，回答："杜少陵，不知是何处人？"

这里"可杀"是对杜诗极端崇拜的赞叹，如情人之间的打是疼骂是爱一样。古之"冤家""孽障""可憎"，今之"鬼东西""该死的"都是同一表达感情的方法。可是隔壁的这位不知书的先生却不理解，以为林、彭在预谋杀人。这说明要正确理解一个词或词组的意义，脱离不开具体的语言环境。

　　《论语》里有"三十而立"这句话，本意是人到三十就能够自立了，有了独立的人格了。可是过去有些冬烘先生只会背书歌子，却不了解其真意，在八股考试的时候，就胡诌开来。有个生员写道："两个十五之年，虽有椅子板凳而不敢坐焉。"另一个写道："年过花甲之半，惟有两腿直站而矣。"（见《笑得好》）有一位不读书的节度使韩简，听了别人讲《论语》讲到这句话，就发感慨说："仆近方知古人淳朴，年至三十，方能行立。"（《北梦琐言》）这三位都是从"立"的基本义理解的。"立"本身就有"站立""立身"的意思，他们误解情有可原。但是他们忘了《论语》中对三十岁、四十岁、五十岁……的连续论述，孔子讲的是人的智能才干发展的问题，并不是身体发育的过程，它是一个系列。再者，说三十年不敢坐，三十岁才会站立是出于情理之外的，怎么可能呢？从这些笑话中，再一次告诫我们，不可死读书，读死书，不要忘了语境和情境。

　　这种例子还有。子路遇到了荷蓧丈人非常恭敬，老人就"止子路宿，杀鸡为黍而食之，见其二子焉"。让子路住下，杀了鸡做了小米饭来款待他，并让他的两个儿子出来和子路见面，丈人够热情的。有位书蠹虫先生却把最后一句理解错了。"见其二子焉"的"其"他以为是被杀的鸡。"子"理解为鸡子儿，那么就是老头杀鸡做小米饭招待子路，因为杀鸡开膛，于是鸡肚子的两个鸡蛋就露出来了。这位先生真是思想开阔，居然能发此妙论，他也不想一想，《论语》何至

于写些与上下文毫不相干的杀鸡见蛋的废话。（事见《雅谑》）

《笑倒》中记载：

> 一秀才赁僧房读书，唯事游玩而已。忽至午归房，呼童取书来，童持《文选》，视之曰："低。"持《汉书》，视之曰："低。"又持《史记》，视之曰："低。"僧大诧曰："此三书熟其一，足称饱学，俱云低何也？"试问之，乃取书作枕耳。

秀才说三部书低，是指的作为枕头用低矮。和尚听来理解为秀才认为三部书都太浅显。同一个"低"字，各自取了不同的义项，于是唱了"三岔口"。二人谁也没有错，秀才认为三部书都不够厚，做枕头还不够舒服，自然用"低"字评价。在和尚看来秀才要书自然是读，哪会想到作枕头，因为这不是书的本来用途，尤其是对秀才来说更违反常规。所以他理解"低"就是书的内容太浅显。

《坚瓠集》里记载了这样一个故事，张江陵主持国政，辖制科道官员，他们不能扬眉吐气。不敢发表不同意见，愤愤不平，于是就编了一则笑话，讽刺张江陵：

> 科道缺官，文选郎中请于张江陵。张谓科道官最难得其人，即如孔门四科十哲，未必人人可用。文选云："德行如颜回，何如？"张曰："回也于吾言无所不说，

未可用也。""文学如子夏，何如？"张曰："子夏入闻道而说，出见纷华美丽而说，未可用也。""政事如冉求，何如？"张曰："求也非不说子之道，力不足也，未可用也。政事如子路，但恐其好勇耳。"张曰："子见南子，子路不说，尽可用也。"文选唯唯而退，因举不说者。

古汉语"说"字有三种读音三种义项。其中之一读shuō，即现代汉语的说话的说。另一读yuè，即现代汉语喜欢、高兴的意思，今用"悦"。其三就读shuì，劝说的意思。这则笑话里，把对颜回、子夏、冉求、子路评论中的"说"（yuè）都读成了shuō。颜回对孔子的言论没有不喜欢的（无所不说），张江陵却理解为颜回对孔子说的话没有不向外说的。子夏是听到圣道高兴，看到纷华美丽也高兴，张江陵却理解为子夏听了圣道也向外讲，见了纷华美丽也评论。冉求并不是不喜欢孔子的道，只是力不从心。张江陵理解是冉求不是不向外宣扬孔子的理论学说，只是因为力不从心。至于子路，问的人认为子路是武人，肯定从不了政，做不了科道官。可是出人预料，张江陵却认为像子路这样的人才正是恰当人选。因为在孔子去见南子这个女人的时候，子路不向外讲。"子路不说"本意是子路不高兴。因为张江陵把"说"当成说话的说，自然就成了子路不向外讲了。明清科道官是负责监察、弹劾、建议的，当然要求严格保密，说话慎重。孔子见一个卫灵公夫人南子，当时孔门弟子都不理解，按张江陵的看法,只有子路不对外讲,很有保密观念,当然合乎科道官条件。颜回、子夏、冉求都是嘴不严,在张江陵眼中都不够科道官资格。最后选官们只好推举"不说者"。

这则笑话辛辣地讥刺张江陵不学无术,科道官们出了一口恶气。一词多义给科道官们拿来做了射向张江陵的一支冷箭。

笑话虽然是笑话,对我们来说却不无启发,对一词多义的字用时要小心,不要让它把句意搞得似是而非,模棱两可。

杨慎论"瑟瑟"太慎重

一词多义是语言的常见现象。就拿"搞"来说吧，现在就用的非常普遍，有很多含义。开始不可能这么多。又如"硬"字，现在"勉强"的义项用的就比较多，北宋的梅圣俞就说过"永叔要作韩退之，硬把我作孟郊"（见《麓堂诗话》)。按《邵氏闻见后录》作："永叔要作韩退之，强差我作孟郊。"引语略有不同，不知是《麓堂诗话》引《邵氏闻见后录》有误，还是另有所本？南宋朱熹说过这样的话："开卷之后，经文本意又多被先儒硬说杀了。"（《答陈明仲书》）如明人李东阳《麓堂诗话》引文无误，那么北宋开始"硬"字"勉强"义项已经出现，起码始于南宋。但可以断言绝对没有现在运用得如此广泛。

一个词义项的增加和应用范围的开拓，原因是复杂的，名人作家的运用是其中原因之一。这些人影响大，带有权威性，一呼百应，久而久之，约定俗成。

可是有人就不完全懂得这个道理。比如"瑟瑟"二字，辞书上说有三种义项：一是风声，一是玉的一种，一是碧绿的颜色。白居易的《琵琶行》中有"枫叶荻花秋瑟瑟"句。这个"瑟瑟"明朝就有人解释为"萧瑟",这就超过了当时的义项。杨慎在《升庵诗话》里就很不以为然。讽刺人家"读者草草,不知其解"。他认为应当解释为"碧色"。他说:枫叶是红的,荻花是白的,与秋天的碧色相映妙极了。他又引用了白居易的《暮江吟》中的"一道残阳铺水中,半江瑟瑟半江红"这两句诗做证。然后挖苦说:"此瑟瑟岂萧瑟哉?"

杨慎说得不无道理,他是从秋天色彩的角度来分析的。别人说"萧瑟",是从秋天的萧煞气氛,是从作者和弹琵琶的女子"同是天涯沦落人"的悲凉心情来解释的,应当说这种解释更能表现环境与人的心情的统一。遗憾的是在白居易之前"瑟瑟"没有"萧瑟"这一义项,难怪让杨慎讥笑。但是如果按杨慎有根有据的解释。那么浔阳江头则另是一番气氛:红叶、白花、碧绿秋色,一幅色彩鲜艳的图画。与人心情似成反衬。且秋天到了荻花白枫叶红的时候,应为深秋,说此时秋色碧绿不见得恰当。杨慎解释"半江瑟瑟半江红"的"瑟瑟"为碧色是对的。夕阳映照下一半江水为青绿色,一半为红色。但是不能以此类推,凡"瑟瑟"则必为碧绿。

杨慎讥刺别人,就是因为人家对"瑟瑟"做出了新的解释,增加了新的义项。杨慎的学识可能超过了对"瑟瑟"做出新解的人。但是从语言发展的角度看,他就显得保守了。难道前无古人,就必定后无来者吗?我们无法问问作者"瑟瑟"究竟如何解释。但也不排除他就是作为萧瑟而用的,也可能从此增加了它的义项。有的本子,如《全唐诗》就写作

"索索",很明显这是不能作为"碧绿"来理解的,只能作为"萧瑟"或秋风声来理解。作者白居易也可能没考虑那么多,情之所至,"瑟瑟"随手而出。

杨慎学问根底深,但有点保守(起码在这一点是这样,另外也应该考虑考虑人家说得有无道理)。被杨慎讽刺的人学问根底浅,但是有创新精神,如此才会有发展前进,词的表达才能更丰富更灵活,不然的话,我们如今还要之乎者也。

东道主、南道主、北道主

"东道主"一词源自《左传》,春秋时期秦晋两国攻郑,郑使烛之武出使秦国,劝秦解围:"若舍郑以为东道主,行李之往来,共其乏困,君亦无所害。"郑在秦的东边,所以说可以做秦东方道路上的主人,供给对方往来使节所需要的物资。后来就泛指为主人。《史记·晋世家》里简称作"东道"。宋、元作品中也都有"东道"出现。这时的"东道"就有了两个意思:一是做主人,一是请客的人(做东道,现在口语又发展为"作东",几乎成了请客的代名词)。

"东道主"恐怕一般人都不知道它的原意和出处了,可是人们都能正确地运用它。至于中国古籍中还有"北道主""南道主"的记载,就更鲜为人知了。

汉光武帝刘秀时,常山太守邓晨请命跟他一起去攻打邯郸的王郎,刘秀对他说:"伟卿以一人从我,不如以一郡为我北道主人。"常山郡治在现在的河北省元氏县西北一带,位置在邯郸的北边,所以称"北道主人"。刘秀还说过上谷太守耿弇"是我北道主人也"。渔阳太守彭宠反叛,朱浮对刘秀说:"大王倚宠为北道主人,今既不然。"

北朝时魏孝武帝对咸阳王说:"昨得汝主簿为南道主人。"唐朝的郑余庆和罗让是朋友,曾向客人介绍罗让说:"此吾南道主人。"

褚人获说:"史传之间,独未闻西道主人之说耳。今人但知有东道主,而鲜知有北道、南道主者。"(《坚瓠集》)

为什么古籍中出现的三个"道主",只有"东道主"流传开来了呢?褚人获没有回答这个问题。

我们是不是可以这样推断呢?"东道主"一词出现的最早,人们先入为主。接着《史记》,还有《南史》(王僧辩对沈炯说:"鲁晋州亦是王师东道主人。")宋元人又接着用,遂约定俗成。再者,《左传》后人视为儒家经典,备受崇敬,影响大,自然"东道主"容易为人引用。另外,后出现的"北道主""南道主",因地理方位不同于秦郑之一西一东,不便用东道主,按实际的方位套用东道主,于是有了北道主、南道主,可以说它们是东道主的变通用法。同时,也可以看出开始时"东道主"一词还没有完全摆脱词源地域方位的本来意义,"东"字还没有完全弱化,所以还可以按其结构如法炮制出"北道主""南道主"来。后来"东"字渐渐弱化,"东道主"完全脱离了东方道路上的主人这一特定的概念,而成了一个只是源于这一概念的新含义:主人。至此它与方位已毫无关系,因之"南道主""北道主"也就没有存在的必要了。于是终于形成了"东道主"一霸天下的局面。

辑六 弦外之音

谐音字与吉凶祸福

吉凶祸福，对古人来说充满着宿命论色彩。是福不是祸，是祸躲不过，人的一生有多少劫数都由无形的天安排好了，命中注定。这是认识的一个方面。但是还有另一面，那就是吉凶祸福往往都有先验的征兆，人们可以避凶趋吉，化险为夷，转祸为福，破解灾难。甚至可以利用祈祷祭祀等手段把吉祥庆瑞招来。利用汉语的谐音字就是其中的一种方法。

《古今谭概》里有这么一段记载：

> 宋太学各斋除夕设祭品，用枣子、栗子、蓼花，取"早离了"之意。南都乡试前一日，居亭主人必煮蹄为饷，取"熟题"之意。又无锡呼"中"字如"粽"音。凡大试，亲友则赠笔及定胜糕、米粽各一盒。祝曰："笔定糕粽。"

谁也不希望在太学里白发死章句，"早离了"去做官，当然是好事。"熟题"驾轻就熟，文章自然容易作好，成功的把握大，主人会取吉利讨好客人，会做生意。亲友为举子送"笔定糕粽"，自然是祝福他"必定高中"了。

参加科举是士子的一生大事。忌讳当然也就分外注意。《时尚笑谈》上有一则笑话。一个士人带着仆人挑着行李进京考试。忽然一阵风把头巾吹掉了。仆人说："帽落地。"士人很忌讳"落地（第）"。这不明明说我考不上吗？这个时候怎么能说这话。就嘱咐仆人："今说落物，莫说落地，只说及地。""及地"者，"及第"也，也就是考中的意思。士人到底喝过几年墨水，"落地"改称"及地"马上就可以化凶为吉了。仆人怕行李掉下来，于是就牢牢地拴在挑担上。士人说："仔细收拾。"仆人回答："如今就走上天去，也不会及第（地）了。"仆人说的是实话，行李捆牢了，走得再远也不会落到地上了。可是在士人听来就太刺耳了：即令走上天去，也考不中了。仆人好心做坏事，如果士人真的落了榜，在当时人看来，仆人的话就是先兆，无意中泄露了"天机"。

以物名谐音取吉利，举子家长亲眷费尽了心机。明崇祯年间，四川举行考试，有一个贵州生员头巾里放了一只蝉，在考场上，蝉叫起来，其他生员无不大笑。考官追问缘故，都说某号生员儒巾里有声音。考官要责罚贵州生员。他大声叫屈："今天早晨进考场前，被父亲叫住，把一个东西放到了头巾里，爬跳难忍，但是因为是父命，我也不敢扔掉。"考官问他放一只蝉在头巾里是什么意思。他回答："是取头名的征兆。"蝉在头上鸣——"头鸣"与"头名"谐音。父亲把儿子考取头名的希望都寄托在一只蝉上了，用心可谓良苦，却没考虑到如此爬跳难忍对儿子是极大的干扰,精力不能集中,岂能作出好八股来!利用谐音手段取吉利,把人搞得神魂颠倒,可笑乎?可怜乎?(见《坚瓠集》)

新娘床上枕头里放上枣子、栗子,就是"早立子",是早生贵子的企盼。撒上花生就是花搭着生,意谓一男一女地间杂着生孩子。过年节打碎了东西,本来不吉利,可是一说"岁岁(碎碎)平安"也就化凶为吉破解了,碎了东西倒成了好事,破财免灾。

没做官的想做官,做了官的想升官。但是也有让倒霉的谐音断送了升迁前程的。

《青箱杂记》载,检正官张谔家盖了一座亭子,取名"允中"。后来张谔做到太子中允之后就再也没升上去。有人就找原因了。最后发现,原来亭子的名字起坏了:"允中亭者,官至中允而必停也。""允中""中允"一样,"亭""停"二字谐音。这种"马后炮"的解释纯粹是牵强附会。而在当时人看来,所以取名"允中亭"就是冥冥之中鬼使神差的必然,是命运的暗示,不过当时主人未发现未验证而已。

无独有偶,还有"马前炮"的例子。太子中书舍人陈有方,在蕲水做知县,临水造亭,取名"必观"。有人就解释说:"必观亭者,必停官也。""观""官"谐音,必观亭就成了必官亭、必官停,必官停和必停官意思相同,因之必观亭就成了必停官。事有凑巧,后来陈有方因罪免官,果然再也没上去,就此停下了。这种生拉硬扯不幸言中的巧事总会有的,有这么一次偶然,人们也就更笃信谐音和吉凶祸福的因果关系。

谐音既然有此妙用，帝王们为了宣传天命，自然也就不会放过利用的机会，实际上是在为他们夺取政权做舆论准备。

《青箱杂记》记载，五代孟昶的后蜀没有亡国之前，蜀人有放高利贷的往往在搬家之前，在门上写上"召主收赎"四个字。意思是我要搬家了，要把借债的人招来收回债款。后来赵匡胤攻打后蜀，孟昶投降，后蜀灭亡。对宋来说就是收了蜀。这"召主收赎"四个字按照谐音"翻译"出来，就是"赵主收蜀"，赵匡胤收了蜀国。《青箱杂记》的作者吴处厚是宋朝人，自然站在宋家赵姓立场上说话。他得出结论：

盖周世宗累欲收蜀而不果，至我太祖乃收之，此其应也。

周世宗老想收蜀始终没成功，赵匡胤却一举收之，是因为有"召主收赎"的应兆。总之，这一切都是天命所归，不要不服气，不要抗争了，认天命吧，君不见你们蜀国自己早就贴出"赵主收蜀"的帖子了吗？这不是有力的佐证吗？还有什么话好说。

我们不能不佩服古人造舆论搞宣传的手段。他们挖空心思从蜀人放高利贷者的门上找出这四个字来，左琢磨右琢磨就作起了文章，利用当时人们的宿命思想，推行精神统治，收服人心。

自然，农民起义也利用了谐音手段，四处传播某种信息,作为造反的舆论先导。《茶香室续钞》引用清无名氏《谈往》中记载的一件事。当时北京等地流传一种口头语"宋阿罩"。据传李自成小名枣儿。"罩""枣"音近。李自成攻下北京后,人们恍然大悟,原来"宋阿罩"就是明朝把江山送给阿枣。"送阿罩"者"送阿枣"也,李自成应该得天下。

《谈往》并没说明"宋阿罩"开始流传时是什么意思。既然人们并不了解其含意,又作为口头语到处流传,更增加了先兆预言的神秘色彩。像是某种不可知的力量在背后支配着人们,给人以暗示。这有两种可能:第一,"宋阿罩"与"送阿枣"偶然巧合,人们有意附会。第二,也不能排除起义者有意制造隐语,造成天命所归的神秘性,吸引百姓参加起义队伍的可能。

既然有以谐音制造起事舆论,也有以谐音预言国破家亡的。《归潜志》里记载,在金的首都南京(今开封市)被元兵攻陷的头一二年里,街上有一位和尚,不知从何处来。手持一个布口袋,里面盛枣子,向众人没完没了地散发。后面总是跟着一大群孩子。又有一位僧人,手里拿着瓦片,用石头击碎,也引起孩子的围观。开始人们不了解这两个疯疯癫癫的和尚是什么意思。金灭亡以后,人们才悟出来:"方知散枣者,使之早散;击瓦者,国家瓦解矣。""散枣"与"散早"谐音,也就是"早散"。瓦碎了也就是瓦解了。全国要土崩瓦解了,很快要散了。

这是事过之后,金朝遗民反思出来的,充分表现了《归潜志》作者刘祁对国家灭亡气数已尽的哀惋。人们既然相信天命，事事有征兆，自然要对重大的历史事变找出先验端倪。所以两个和尚的事总会为人发现。没有和尚就有放高利贷的帖子，没有帖子也会有口头语，先兆肯定会让人挖掘出来。有了先兆，人们的心理似乎得到了平衡，找到了自我解脱，也就心安理得了：老天安排的，有什么办法！

有的歌谣的谐音更玄，它甚至可以"预言"经历数年的复杂的历史事变。《坚瓠集》所载《雨帝谣》就是一例：

> 正统末，京师旱，街上小儿为土龙祈雨。拜而歌曰："雨帝，雨帝，城隍，土地。雨若再来，还我土地。"成群噪呼，不知所起。未几，有监国即位之事，继又有复辟之举。谓"雨帝"者，与弟也。城隍土地，谓郕王有此土地也。雨再来，还土地，谓驾旋而复辟也。

正统是明英宗朱祁镇的年号。正统十四年（1449）与瓦剌兵在土木堡大战，英宗兵败被俘。这时兵部尚书于谦等人拥戴英宗的弟弟（监国郕王）朱祁钰为皇帝，抗击瓦剌。次年英宗被释放回京。1457年他发动政变，又夺回了王位，做了皇帝。这首歌谣按谐音来解释就是：

> 给予弟弟，给予弟弟，郕王有了土地。如果皇帝再回来，土地归还给皇帝。

它概括了八年之间的皇权之争。"雨帝"和"与弟"谐音,"城隍"和"郕王"谐音。把童谣用谐音的方法和重大的历史事件结合起来,可以说是很巧妙的注释。

实际上这是一首真正的祈雨谣。我们是不是可以这样解释:雨帝,自然是司雨之神,城隍土地也都是保一方平安的阴曹地府的地方官,也是祈雨的对象。后两句是说,如果下了雨,就等于把赖以生存的土地还给了我(如不下雨,庄稼旱死,颗粒不收,就等于失掉了土地),也就是给我们丰收。歌谣大意应当是:

> 司雨之神啊,司雨之神啊,城隍啊,土地啊,如果下了雨,我们就有了土地丰收了。

把儿歌变成了政治预言诗,难得的是与政治事件还联系得那么密切,解释得颇为圆满。足见文人细品谐音字的深厚工夫。

中国古代文献中记载过不少预言先兆式的故事和歌谣,不少依托于疯和尚和儿童,所以然者,大概是为了提高预言先兆的可信性。

试想,和尚本来就是人和神交往的使者,疯疯癫癫的和尚更是半人半仙。在开封城里散枣的和尚"不知所从来",就更笼罩着一层神秘色彩。既然不知从何处来,就说不定是神仙下凡来点化人世的。他的所作所为自然容易让人想到可能是某种暗示。再加上有人一解释,不由你不信。

儿童,纯洁无瑕,还没受到世俗偏见的污染,心口如一，诚实无讹，童言无忌，说话乃天籁之声，似乎还能与大自然沟通。正如贾宝玉小时候抓胭脂一样，他还没有选择的能力，第一把抓什么好像最能反映他朴拙的本性，就能从小看大。所以人们相信孩子说的话往往最符合未来的实际。于是那些制造舆论的歌谣，就先让儿童传唱，提高对这种隐语哑谜的迷信。再者，儿童是没有政治偏见的，一般不会追究其政治责任。听不出歌谣的弦外之音就广泛流传，听出了弦外之音，追查的话也难治孩子的罪。儿童成了传播政治歌谣的保护伞。

古人利用谐音有迷信色彩，传至今天，人们有了科学知识，自然不会相信文字的魔力。但作为一种传统心理观念却保留下来了。吉利的谐音听起来会给人以愉快慰藉，取得心理上的平衡，给人以信心和振奋。改革开放以来，人们都想发财，于是对谐音的作用又重新祭起来，汽车牌号、电话号码八八八因谐音发发发，结果有人就高价买号。十一月十八日就是一一一八，谐音是要要要发，于是杭州这一天就有很多人结婚，想借个好兆头。大概五一八也是吉祥号码，这不是"我要发"吗？七〇八六恐怕没人喜欢了，因为是七零八落的谐音。如此推理，五八四（我爸死）、五七四（我妻死）、五二四（我儿死）、五九四（我舅死），再推而广之，五三四八（我先死爸）、五八三四（我爸先死），以及五七三四、五二三四、五三四七、五三四二等等，恐怕都应取消了。

谐音是人们主动凑合的，你可以凑成吉利字眼，我也能凑成相反的意思。八八八也可以说是垮垮垮、杀杀杀（只要韵母是"a"差不多都可以），这就很不吉利了。电子时代，卫星时代，上月球探外星的时代，还把命运押在谐音的数字上，这是现代人的悲剧。

谐音的幽默作用

汉语有不少同音词、近音词，人们利用之就成了谐音的修辞手段。于是就有了不少幽默风趣的故事。

《两般秋雨盦随笔》里说，有一个人参加人家的婚礼，回来以后，有人问他新娘容貌怎么样。他说：先不说长相如何，先说说她的命相八字：辛酉戊辰，乙巳癸丑。问的人不明白什么意思，他说："新有妇人，一似鬼丑也。"原来利用了生辰八字的谐音开了一个玩笑。

明初京师有一位很有名的妓女江斗奴。一天几位大臣到妓馆厮混，与江斗奴饮酒，不慎酒杯倒了，酒洒了，斗奴用罗裙擦，并且说："血色罗裙翻酒污。"其中一贵人呵斥："总为母狗害事！"斗奴马上反唇相讥："妾所接皆公猴（侯）耳。"江斗奴是一位"以色艺擅声宣德间"的女子。大臣骂她是母狗，她非常机智，接着回答："我接待的都是公猴。""公猴"与"公侯"谐音，回骂了那些大臣们。

利用谐音手段开玩笑，甚至作为政治斗争武器的往往有不少是优人弄臣。自《史记·滑稽列传》中的优孟、优旃等人物开始，中国古代就出现了不少善于讽谏的演员。他们幽默诙谐，一言讽喻，胜过臣宰的洋洋宏论，而且能一针见血，使帝王回心转意，改弦更张。有的优人很有些文化修养，善于利用汉语的谐音达到预期的目的。

《群居解颐》里有一个叫李可及的优人，善于谐戏。自称博通佛、道、儒三教。于是就有人问他释迦牟尼是什么人。他回答是妇人。问的人很惊讶，问他有什么根据。他说：

《金刚经》云："趺坐而坐"，非妇人，何须夫坐，然后儿坐也？

"趺坐而坐"和"夫坐儿坐"谐音。既然有夫有儿，释迦牟尼自然是妇人了。对方又问他老子是什么人。他又回答是妇人。理由是：

《道德经》云："吾所大患，以吾有身。及吾无身，吾有何患。"非妇人何患于有娠乎？

"身"和"娠"谐音，以娠替代身，老子话的意思就成了：吾最头疼的事是我怀了孕，如果没有怀孕，我还有什么担心的呢？老子如此自述，当然是妇人了。对方又问孔子是什么人。回答仍然是妇人。根据是：

《论语》云："沽之哉，沽之哉，我待贾者也。"非妇人奚待嫁为？

"贾"字有二音：一为gū，一为jiǎ。这里本来应按第一种读音读，李可及故意按第二种读音读，于是就成了我是等待出嫁的人。非女性不会如此说，证明孔子也是妇人。

让李可及这么论来论去，结果先知圣贤三教领袖都成了女人。而且找到了"证据"。就其逻辑推断来看，并不生硬。表现了李可及的聪明博识，他的风趣和敢拿神圣开玩笑的勇气。

宋龚明之《中吴纪闻》里记载，北宋末年权臣朱勔为了讨好皇帝从南方运奇花异石到开封。因为路远日久，花草栽种后，不久就枯死，所以要时时更换，从南至北路上络绎不绝。有一天，宫内设宴，有一位演员就让他徒弟手持梅花上场。他问是什么花，徒弟说："芭蕉"。有手拿松、桧登场的，他又问什么花，回答仍然是芭蕉。如此四人，都说拿的是芭蕉。这位演员就打他们的嘴巴，斥责他们："此某花，此某木，何谓俱谓之芭蕉？"徒弟回答："我但见巴巴地讨来都焦了。"巴巴地焦，所以叫芭蕉。

利用"巴""芭"谐音，"焦""蕉"谐音，讽刺了朱勔劳民伤财的罪恶行径。朱勔勾结蔡京、童贯，称霸东南二十年，陷害了不少官吏平民。而这几位演员却巧妙地利用谐音方法对朱勔进行了讥刺，让他哑巴吃黄连有苦说不出。

北宋末年徽、钦二宗被金人掳去北方。南宋君臣偏安一隅，不图恢复，人民不满。这在优人的演出中就有反映。宫中演出，一人手捧太师椅出来了，安排好座位以后，另外一个人身着官服缓缓而出，耳朵后边戴着两个大金环，一直垂到前肩。一个人就问他戴的什么东西。回答："此名二胜环。"那一个人就走上前去，把两个大金环掷到肩后去，并且说："但坐太师椅，受用足矣。二胜之环，抛之脑后可也。"（引自《两般秋雨盦随笔》）

"二胜环"就是"二圣还"，意思是徽宗、钦宗二位圣上从北方回来。最后几句话，一针见血：你只管坐你的太师椅，做你的官，享受你的荣华富贵就够了。二位圣上从金国回来不回来，抛之脑后得了，不用管它。对秦桧之流讽刺得可谓入木三分。

南宋韩侂胄曾以外戚执政十三年，兄弟二人专权。因之受到了优人的讽刺。一个优人扮成算命的，另一个扮成候选做官的。后者问前者他什么时候能被任命。算命的大声说："要大官须到大寒，要小官须到小寒。"也就是说要想做大官就必须走门子找大韩（侂胄），要想做小官就必须走小韩的门子。利用"寒""韩"谐音达到了讽刺目的。字面意是须到时令方有官做，谐音意则是找韩家兄弟才能被任命。（引自《坚瓠集》）

《渔矶漫钞》载，韩侂胄北伐失败之后，闷闷不乐。皇帝赐宴，优人扮成樊哙、樊迟，另外一人取名"樊恼"。旁边一个人上前作揖问樊迟是谁给取的名字，回答是孔夫子。又问樊哙是谁给取的名字，回答是汉高祖。又问樊恼名字是谁取的。回答说："'樊恼'自取。"也就是"烦恼自取"。韩的北伐，准备不足，有盲目性，结果大败，所以优人讥笑他"烦恼自取"，自作自受。

韩侂胄在宋宁宗嘉泰末，势倾朝野，独揽大政，有一位伶人王公瑾就说："今日正如客人卖伞，不'油'里面。"伞只油外面，"不油里面"，这大概是生意人省料的一种办法。"不油里面"也就是"不由里面"，意思是一切事情都让韩侂胄独揽，朝廷内宫管不了，不做主了。（见《白獭髓》）

《坚瓠集》载有中官阿丑的故事。明成化年间，宦官汪直弄权，炙手可热。拍马奉迎者立即可以得到高官。尤其是陈钺、王越二人更善于谄媚。阿丑善于诙谐，作戏讽刺。他扮作汪直，手持双钺快步而行。有人问他为什么手持双钺。他回答："我平常就依仗这两把钺呢。"又问钺的名字，回答："陈钺、王越。"他还说："天上有两个月亮。"另一个人敲他一下说："月亮只有一个，哪里会有两个？"阿丑说："里边有陈钺，外边有王越，难道不是两个月亮吗？"

阿丑直接扮作被挖苦的对象，且直呼爪牙的名字。利用"钺""越"和"月"的谐音，对汪直、陈钺、王越进行了鞭挞。少点含蓄，勇气可嘉。

像阿丑这样的人终究是少数，大多数优人都要考虑到自身的安危，讲究点曲折的斗争艺术。用谐音双关表达，既能达到尖刻讽刺的目的，又有隐蔽性，可以保护自己。这就要求谐音利用的巧妙。如"二胜环"，本身确实像一对耳环的名字。"二胜"也很吉利。正巧宋徽宗、宋钦宗又是两位圣上，同时被掳去了北方，始终存在着一个能不能"还"的问题。这样,"二胜环"和"二圣还"谐音就很恰当准确。再者,"二胜环"垂至肩前,如此长大,所以另一优人才说:"抛之脑后可也。"抛之脑后,对耳环来说是实指。从"抛之脑后"或"置之脑后"成语来说,又是不要去管它,对某事漠然置之的意思,这和不关心徽宗、钦宗还与不还又很贴切。

同样,优人扮作算命的给候选官员推命,说"要大官须到大寒,要小官须到小寒"。这很符合算命测字人的口吻。算命先生卜人吉凶,总要说某年有灾某年运转,一年中有很多时令是转折的关键。候选官员由小官到大官,总有个过程,时令也是小寒在前大寒在后,小寒大寒是发迹变泰的转折。从字面意义讲正是算命人的口吻和口头禅。从谐音意义讲,就是要走韩氏兄弟的门路。

利用谐音开政治玩笑,讲政治笑话,不容易让人抓把柄。就字面看毫无问题,只有读出声音再显露其意义的内涵。所以被讽刺者不好发作,有苦难言。作为讲笑话、做表演的人,一旦被质问,可以就字面本义作回答,与被讽刺者无关。这样就保护了自己。进可以攻,退可以守。所以在民谣中就有一些利用谐音的政治传单式的创作。像北宋的"打破筒(童贯),泼了菜(蔡京),便是人间好世界"。就是很有名的一首。

嬉笑怒骂皆成文章,有时谈话中谐音的机锋,能一下子使矛盾化解,气氛缓和。

唐《谐噱录》记载一件小事:唐玄宗与宗室诸王一块吃饭。宁王喷了一口饭,溅到了玄宗脸上。唐玄宗就问:"宁哥为什么吃呛了？"黄旛绰说："这不是吃呛了，是喷嚏。"据说唐玄宗虽然做了皇帝，但是与诸位兄弟之间的关系仍然很好。仍然叫宁王为大哥。尽管如此，同桌吃饭时喷皇帝一脸饭，也是可以治罪的。宁王自然很紧张。黄旛绰很会说话，马上说不是吃呛了，而是喷嚏。这里他大概是取了"喷嚏"与"喷帝"的谐音。本是兄弟之间同桌吃饭，黄旛绰这么一讲，又把唐玄宗置于皇帝之位，成了君臣共食，兄弟关系转换为君臣关系，既开脱了宁王，又讨好玄宗，二人都高兴，矛盾就化解了。

宋高宗时，御厨做的馄饨不熟，结果下大理寺治罪。这时两个优人就装扮成两个文人在路上相遇。互相问生年八字。一个说甲子生，一个说丙子生。另外一个优人就告到高宗那里，说："这两个人都应该下大理寺问罪。"高宗问因为什么。这个优人说："饺子饼子都生，与馄饨不熟是一样的罪。"高宗笑了，宽大了那位御厨。这是《渔矶漫钞》里的一则故事。

"甲子"与"饺子"，"丙子"与"饼子"都谐音，饺子、饼子、馄饨都是食品，馄饨不熟要治罪，饺子、饼子生当然也该治罪。优人用退一步进两步，欲取之固予之的方法，暴露了治罪御厨的荒唐可笑，点悟了高宗。有时这种迂回包抄的战术，智慧的点拨，比正面的痛陈直谏更有效用。

当然，也可以利用谐音的手段逢迎拍马。《事林广记》里有这样一件事。五代吴越国王钱镠做了一个梦，对近侍说："我昨天梦见到了一个地方，有死狗一只，饭钵里盛着鳖数个，宫廷下看到柏树一棵，柏树让雷震碎了。我怀疑这个梦，不知是凶是吉？"近侍说："大王会活到一百岁。"并且解释说："死狗者，死狗三十六；钵中鳖，鳖钵六十四，其数恰是一百。廷中柏碎，是知一百岁也。"

"死狗"借"四九"音，近于谐音，用乘法算之当为"四九三十六"；"鳖钵"借"八八"音，亦近谐音，即为"八八六十四"，加起来一百。"柏碎"和"百岁"谐音，也说明钱镠要活到一百岁。实际上钱镠只活到八十岁。并没有因为近侍善于圆梦工谄而延长二十年寿命。这位近侍真可谓挖空心思，殚精竭虑了。这鬼聪明不能不让人佩服，居然在死狗、钵鳖上凑够一百的数目，并且妙在还能跟下面的一柏碎（一百岁）相吻合。难怪钱"大王乃喜"。可是当时在场的"闻者即笑"。笑钱镠让人糊弄得愚蠢，笑近侍的无耻和信口胡诌。

谐音是一种表达的手段，可以各取所用。它可以启发你的智慧，锻炼你的应变能力，给你以幽默轻松的精神愉悦。

弦外之音——双关

双关是词的表层意义和内含意义不同的一种修辞手段。言在此而意在彼,就能产生一种意味隽永的效果。李商隐"春蚕到死丝方尽,蜡炬成灰泪始干"是家喻户晓的名句。这里的"丝"与"思"既谐音又双关,其内层意义是对人的思念至死方休。"泪"字既是蜡炬融化而流下的实写,又是人心成灰才不流泪的虚指。双关手法也是一种讥刺、含而不露的斗争武器,既可以使用者有退身之路,又能让被讥刺对象有苦难言。

元人韦居安《梅磵诗话》载,萧立之有一首《秋日》绝句:

野店聊为一枕谋,五更归梦入乡愁。
溪流清浅春鉏晓,篱落荒凉络纬秋。

这里"春鉏"是白鹭,"络纬"是纺织娘。从字面表层意义看是,大清早白鹭立在溪流浅滩上,纺织娘在荒凉的篱笆墙上飞来飞去。但是白鹭和纺织娘的别名用在这里,就具有了耕作纺织的农村色彩,与秋日野店荒篱契合完美。

有人写竹子:"未出土时先有节,便侵云去也无心。"这里"节"有竹节、节操二义。"无心"有竹子中空和无意两层意思。字面咏竹,实则写君子的高风亮节,饶有趣味。

有时在外交上又是争胜斗强的手段。用机智双关的言语在气势上挫对方锐气,不卑不亢,谈判中使对方不可小觑于我。员资深《三莲诗话》记载这样一个故事:

> 或传富郑公奉使辽国,辽使者云:"蚤登鸡子之峰,危如累卵。"答曰:"夜宿丈人之馆,安若泰山。"又云:"酒如线,因针乃见。"富答曰:"饼如月,遇食则缺。"

辽使的话有威胁之意。因富郑公(弼)是出使到辽国,辽使才敢用双关的语气说话。言外之意,你身居我国,危如累卵,谈判必须注意到这一点。"卵"和"鸡子峰"又互相照应,这是表层意义,要挟则是弦外音;富回答得很妙,"丈人"和"泰山"(岳父)照应形成表层义。内层义则是:我住在你们这里,平安如泰山,我既是出使你们国家,你们就有保护之责,因此是安全的,我不怕威胁。下面的对话就是文字游戏,争胜斗巧,显示才智了。富回答得很好。"食"字"缺"字都有双关意。前者是吃和蚀,后者是减少和月不圆。

文字游戏的双关在文人之间往往就成了相互戏谑嘲讽和表现才情的机会。

浙江有个姓花的提举，鄞县有个姓颜的学官，二人有交往。后来花提举升了签事，到鄞县来了，见了颜学官，花提举就戏弄他，出了一副对联的上联：

鸡卵与鸭卵同巢，鸡卵先生？鸭卵先生？

字面意思是鸡蛋先生出来，还是鸭蛋先生出来。因为姓颜的是学官，也就可以称先生。所以弦外之音就是，到底是鸡蛋是颜学官，还是鸭蛋是颜学官。颜学官也不是等闲之辈，立刻对了下联：

马儿与驴儿并走，马儿蹄举？驴儿蹄举？

回敬得好。利用"提举"和"蹄举"谐音双关，这话就成了：马儿是花提举，还是驴儿是花提举？（见《坚瓠集》）

道人张景和在钟山之下结庐修道，梁国公蓝玉携酒造访。张景和穿野服迎接。权贵很不高兴。饮酒中间便出了一对联，让张景和对：

脚穿芒履迎宾，足下无礼。

"足下"是双关，一是指的脚上，一是对人的敬称。表面

上是说脚上穿草鞋脚上无礼,实际是说:你张景和(足下)太无礼了。张景和开始对下联,指着对方手里的椰子杯说:

手执椰瓢作盏,尊前不忠。

"尊"在这里有两层意思,一是酒杯,一是皇帝。字面说的是酒杯,暗暗讽刺的是权贵梁监国蓝玉对皇帝不忠。后来果然梁蓝玉因逆上而被杀。看来张景和对他的作为早有所知,不然怎敢讽刺他"尊前不忠"呢。(见《坚瓠集》)

封建社会有时有人考一辈子秀才总是名落孙山。有个老者八十岁了,还是个童生。学官问他经传,大多又记不得。于是有人就讽刺他:

行年八秩尚称童,可云寿考。
到老五经犹未熟,不愧书生。

《雨窗消意录》记载的这件事就利用了双关。年已八十还称呼童(童生),当然是寿命长(寿考)。"考"又有考试的意思。"寿考"也就是:如此高龄还在考。"书生"是读书的后生,读五经者当然是书生。"生"又有不熟的义项。"书生"就是书读得很不熟,"到老五经犹未熟",自然是书读得生了。

有的文字游戏是很有趣味的。《中吴纪闻》里有这两句话:"数行文字,那个汉书?一簇人烟,谁家庄子?"《汉书》《庄子》是两部书。但在这里"汉"成了"男子汉","书"成了动词"写"。上下文连起来,就成了:这几行文字,是那个男子汉写的?"庄子"的"庄"在这里意思是"村庄","子"是"子孙"。连起来讲就是:这里一簇人烟臻集之地,是谁家庄上子孙?

有的双关则流于庸俗。明金陵陈全误入禁地,被抓了起来。这些人素知他善于取笑,就让他说一个字,如果能把他们逗笑了,就放了他。陈全就说了一个"屁"字。抓他的人不理解。陈全解释说:"放也由公公,不放也由公公。"引得这些人大笑不止,就把他放了。这个"放"字就是双关。虽是恶谑,倒也表现了陈全的思维敏捷。

陈全的诙谐不过是免了被执的小祸。另外还有因双关语而逃出大祸大灾的。《香饮楼宾谈》里写一个姓史的酗酒无赖,有一次醉归,经过满洲将军旗下,风吹钦差大旗拂其面,史酒徒说:"此何物,遽上乃公面耶?"随手就把旗撕裂了。满洲将军大怒,把史酒徒抓到了船上。问他为什么撕旗。这时候酒已经醒了,于是回答:"非敢碎将军旗,为将军报佳兆耳。愿将军旗开得胜,马到成功。"撕了将军旗,也就是旗裂开了。所以"旗开"既是实指,也是旗一展就会胜利的虚指佳兆。史酒徒因而得释,避开了一场大祸。

《坚瓠集》里记载。明人裴略仕途不达,见了温彦博和杜如晦倾吐苦衷。自言擅于"通传言语"。彦博就让他"传语与厅前屏墙"。裴略大声说:"方今圣上聪明,辟四门以待士。君是何物,久在此妨贤路?"彦博说:"此意著博。"裴略说:"非但著髆(博),亦乃著肚(杜)。"于是温杜二人就让他做了官。裴略对影壁说的话很巧妙,既歌颂了圣上,又暗暗讥讽了当权者不能任人唯贤。"妨贤路"既是影壁迎门挡路的写照,也是双关比喻,如权臣之阻碍贤人升迁。温彦博听出了"画外音",马上自我解嘲。这是利用双关语干禄的例子。

明朝刘三吾陪朱元璋到市集小店里去喝酒,店很小没有菜肴下酒。朱元璋就独自吟道:

小村店,三杯两盏,无有东西。

店主听了,就对答:

大明国,一统万方,不分南北。

朱元璋大喜,第二天召见要让他做官。因为店主是元人,辞而不受。朱元璋说:"无有东西",本来是指没有下酒之物。而店主却用了"东西"的另一个义项,那就是方位。所以用"不分南北"来对。"东西"二字就有了双关意。店主对的内容不但将自己店内缺菜少肴掩饰过去,进而又歌颂了大明统一天下的功业。把朱元璋心中因无物下酒的不快变作了被人奉承的乐滋滋。不能不佩服店主人的机智。

解缙是明《永乐大典》的总编。有一次陪永乐皇帝游内苑。皇帝上桥,问解缙这有什么说法。解缙对答:"此谓一步高一步。"这是双关吉利语。上桥自然前面比后面高,步步高,这是上桥的具体描写。抽象意则是:皇帝治天下,大明一天更比一天昌盛。等到永乐下桥的时候,又故意问解缙这又有什么说法。永乐有意出难题,逼解缙说:"一步低一步",这话不吉利,解缙不敢说,那么看你解缙怎么办。解缙到底聪明过人。回答道:"此谓'后面更高似前面'。"回答得妙极了。真是绝处逢生,起死回生的语言技巧,对下桥来说确实是后边比前边高,虚指意义则是:永乐皇帝治下的大明,未来(后边)比过去(前边)更加美好。解缙充分掌握了汉语表达的丰富性、语义的多样性。一语双关,令人解颐。

有一次,皇帝对他说:"有书句甚难其对,曰'色难'。"解缙随口答道:"容易。"朱元璋不明白,对解缙说:"既云易,何久不属对?"解缙说:"适已对矣。"朱元璋这才恍然大悟,为之大笑。"色难"本是《论语·为政》里的一句话。意思是说在父母面前要承欢悦色,让双亲高兴很不容易。解缙说,"容易"就有双关意:一是对"色难"二字不难;二是"容"与"色"相对,"易"与"难"相对,"容易"正好对"色难"。朱元璋理解"容易"为第一义,所以他认为解缙没有对上,待解缙解释后,他才想到了第二层意思。

有时双关语还可以利用来讽刺贪官污吏或者评论时政。

明人张士德掠夺百姓土地,扩大自己田园。一天雪夜宴客,请一个叫张鸣善的人咏雪,张鸣善写道:

漫天坠,扑地飞,白占许多田地。冻杀吴民都是你!难道是国家祥瑞?

明写雪,暗中揭露张士德侵占百姓土地的罪恶。"白占许多田地",是说大雪盖地,白色覆盖了很多土地。也是说张士德一文不花,白白抢占了百姓的田地。"白"字意义双关。字面上是咏雪,张士德心里明白,有苦说不出,只有"士德大惭"了。(见《坚瓠集》)

《笑林广记》里说,一个患青光眼的人打官司,大概觉得官衙判得不公。自己说自己眼瞎。官吏说:"一双青白眼,如何诈瞎?"这个人答道:"老爷看小人是清白的,小人看老爷是糊涂的。""青白眼"(青光眼)俗称"睁眼瞎",从外面看形同好眼睛,但实际上失明了。官老爷认为他是"诈瞎",因为眼睛是"青白"的,青白眼患者却借用双关语讽刺了糊涂官。他利用"青白"和"清白"同音,赋于"清白"第二层意思,即人格的清白。"糊涂",一是指不清楚,青光眼看人自然模糊不清。二是官老爷断案不明糊涂。官老爷对这种双关用语能意会但不便发作,因为双关的表层意为运用者织了一张保护网。

绛州有一僧能诗,途遇太守,守命以伞为题,僧立成一绝云:"众骨攒来一柄收,褐罗银顶覆诸侯;常时撑向马前去,真个有天无日头。"(《解人颐》)

这位僧人作的是一首谜诗,写了伞的构造和用途。妙在最后一句，一语双关。伞的用处当然是为官家遮阳，所以"有天无日头"。同时这句诗又尖锐地揭露了贪官污吏的太守统治下的地方暗无天日。让我咏伞我就咏伞，句句切伞，太守挨了骂，自讨苦吃，哑巴吃黄连。

《枣林杂俎》载过一首歌谣：

> 福人沉醉未醒，全凭马上胡诌；幕府凯歌已休，犹听阮（阮大铖）中曲变。

明末，百姓对南明福王朱由崧及奸臣马士英、阮大铖恨之入骨，于是在南京东西长安门柱上写下了"蜚书"。把福王和马、阮的姓都嵌了进去。

这本书还有一首歌谣：

> 自成不成，福王无福，两下皆非真主。
> 北人用牛，南人用马，一般俱是畜生。

李自成攻下北京后腐败了，最后失败了。百姓对福王也不寄托希望；而且李自成用牛金星为天祐大学士。入北京后，以宰相自居，破坏起义军团结，逸杀李岩，为人痛恨。福王重用马士英，专横跋扈，排斥爱国将领史可法，历史罪人。所以百姓用双关语骂一牛一马"俱是畜生"。借二姓搞双关，二姓又偏偏都是动物，看似信手拈来，实则含歌谣作者一片匠心。

当然，双关也可以为逢迎拍马利用。《古今谭概》中有这样一件事：

> 太监怀恩得赐金二锭，转奉钱溥，溥忻然受之，曰："当与房下作首饰，常常顶戴太监。"

钱溥真会奉承，真会派赐金的用场，要打成首饰让老婆戴在头上，自然是"顶戴"了。"顶戴"又有一义，那就是让自己的老婆永远顶礼膜拜感恩戴德于太监。让自己的老婆崇拜太监，钱溥的人格也够卑下的了。

浓缩的典故

在古典诗歌中如何运用典故，也是古人争论的问题，在有限的五言七言之内嵌进历史故事，既要明确又要简约，并不是那么容易的。

让我们看一场笔墨官司。

宋人叶梦得在《石林诗话》里有一段议论。

> ……如彦谦《题汉高庙》云："耳闻明主提三尺，眼见愚民盗一抔。"虽是著题，然语皆歇后。一抔事无两出，或可略"土"字；如三尺，则三尺律、三尺喙皆可，何独剑乎？……苏子瞻诗有"买牛但自捐三尺，射鼠何劳挽六钧"，亦与此同病。六钧可去弓字，三尺不可去剑字，此理甚易知也。

唐彦谦的诗中"三尺"代替三尺剑，"一抔"代替一抔土，省了"剑、土"两个字，古人就认为像是歇后语。《汉书·张释之传》中有这样的话："假令愚民取长陵一抔土，陛下何以加其法乎?"正如叶梦得所说："事无两出"，只有这一个典故，所以他认为不会发生误解。读者马上会想到是捧一捧土。他认为"三尺"就容易产生歧义。对苏诗的后一句也是如此，杀鸡焉用牛刀，"六钧"之前是"射"是"挽"，最后自然是弓。他认为前一句就不明确。其实"买牛但自捐三尺"也有典故，不过更为生僻而已。《汉书·龚遂传》龚遂做渤海郡太守，劝民务农桑，"民有带持刀剑者，使卖剑买牛，卖刀买犊"。

稍后的宋人陈岩肖在《庚溪诗话》里发表了不同看法。他找了根据。《汉高帝纪》里刘邦自己说："吾以布衣，提三尺取天下。"《韩安国传》里又有"高帝曰：'提三尺取天下者，朕也'。"陈岩肖说，以上"皆无'剑'字，唯注曰：'三尺，谓剑也。'出处既如此，则诗家用其本语，何谓不可？"意思是说并不是唐彦谦省略剑字，而是从《史记》开始就没有剑字，责怪唐彦谦是冤枉的。

宋人吴曾在《能改斋漫录》里发表了相同意见，他说现在的通俗流行的史书版本，有的"三尺剑"，那不过是后人加上去的。

清人何文焕在《历代诗话考索》中也认为从诗的上下文判断不会误解。"既曰'明主提''买牛''捐三尺'，下谅无别解。"他说得有道理，既然说是明主（刘邦）手里提着的，那么只能是剑，不可能是三尺律（法律），也不可能是三尺喙（能言善辩）。既然是因买牛而捐弃三尺，那么也只能是剑才能卖了换钱买牛。

就在《石林诗话》同一处,叶梦得还批评了苏轼:

> 苏子瞻尝两用孔稚珪鸣蛙事,如"水底笙簧蛙两部,山中奴婢橘千头"。虽以"笙簧"易"鼓吹",不碍其意同。至"已遣乱蛙成两部,更邀明月作三人",则"成两部"不知为何物,亦是歇后。

陈岩肖反驳道:"今按《孔稚珪传》:'珪不乐世务,门庭草莱不翦,中有蛙鸣。或问之,珪笑曰:'我以此当两部鼓吹。'然则尝观此传者,亦岂不知两部为何物哉?"

叶梦得的意见很清楚,他认为:"水底笙簧蛙两部"虽然用典的时候,把原来的"鼓吹"换作了"笙簧",但是还能让读者理解青蛙在奏音乐。而"已遣乱蛙成两部"则把"鼓吹"也省略掉下,只剩"两部不知何物"。用典省去得太多,太隐晦,离"题"太远,读不明白,叶梦得的意见是对的。

陈岩肖、吴曾、何文焕不同意叶梦得的看法,其核心就是:只要读过古书,读过典故原文,唐和苏的诗都不难理解。陈岩肖又说:"若谓出处僻,人少有知者,则何待人之浅也!"如果认为典故出处太偏僻,人们不知道,那也太小看人了吧!

关键就在这里。陈岩肖看来少点群众观点,叶梦得倒是从大多数读者出发的。像上面举到的诗,连叶梦得这样文史修养很高的人理解起来都要弯弯绕。他就设想如果是一般读者就可能不懂或产生误解。就拿陈岩肖来说吧,如果他不去查查《史记》，也不会引文那么凿凿。陈岩肖忘了读诗的人不都是像他那样能著书立说写诗的人，粗通文墨对文史典章一知半解者大有人在。叶梦得小看的也不是陈岩肖一类的人物，担心的是普通读者。

还是他说得对："故用事宁与出处语小异而意同，不可尽牵出处语而意不显也。"运用典故宁可和原文有些出入，但意思却不走样。不能硬是牵强附会用原文而搞得晦涩难解。

用典过多而又不明的诗，读起来一步一障碍，磕磕绊绊，一字一注解，寸步难行，佶屈聱牙，学问不小，诗味全无。难于记忆，无法流传，渐渐淘汰，可谓诗之一忌。

从另一个角度说："三尺"已经有了固定的含义，跟一提诸葛就会确认为三国的诸葛亮一样，成了剑的代称。可以不看作歇后。有一种却是典型的歇后。有一个秀才，狂放不羁，经常在经典著作中断章取义作污秽语。后来正如清钱咏梅认为的，大概遭了报应，在一督学幕下批阅文章时折了手臂痛苦不堪。但仍然作了歇后语诗：

抛却刑于寡（妻），来看未丧斯（文）。
止因四海困（穷），博得七年之（病）。
既折援之以（手），全昏请问其（目）。
且过子游子（夏），弃甲曳兵而（走）。

这位秀才虽然折了手臂，但仍不忘跟经典开玩笑，《诗经》《论语》《孟子》等等典故成语全用上了。有点藐视权

威的勇气。多用虚词、代词押韵,又自叙遭遇和想法,大有小聪明。(见《履园丛话》卷二十一)

另有一则故事(见于明江盈科《雪涛小史》)。

一位穷文人,跟朋友祝寿买不起酒,便带一瓶水去了。他对朋友说他要用歇后语祝寿,于是说:"君子之交淡如。"他的朋友立即回答:"醉翁之意不在。"

穷文人在"君子之交淡如"之后省去了"水"字,委婉表达自己带来的是水,但这水比酒更好,因为君子间的交往不应存在任何利害关系,咱们二人是君子之交。成语用在这里非常确切得体。他的朋友也心领神会:我也不在乎酒,而是比酒更重要的东西,言下之意是二人友情。回答得恰如其分。

二人对答,融洽亲密,避免了相互的尴尬,增进了更深的友谊。双双打哑语,灵犀一点通,歇后语精巧隽永,给人以智慧。

豆腐店王阿奶的铭旌

封建社会最不实在的文字,大概是下对上的颂扬和死者的碑文。人死了,子孙总希望请名人为父母写一篇碑文行状,而且要送礼作"润笔"之费。文人名士不好推辞,也就只能隐恶扬善地奉承一番。如果翻翻历史上碑文传记,世上恐怕早就根尽假恶丑了,哪一个不是正人君子。韩愈也写过一些这类文章,得了不少"稿费"。同时代的一个怪人刘叉就把韩愈的金银拿走好几斤,说:"此谀墓中人得耳,不若与刘君为寿。"这话说得可谓一针见血。

清朝的赵翼也写过不少墓志,对此颇为反感。作了一首诗自嘲:

有客忽叩门,来送润笔需。
乞我作墓志,要我工为谀。
言政必龚黄,言学必程朱。
吾聊以为戏,如其意所须。
补缀成一篇,居然君子徒。

核诸其素行,十钧无一铢。
此文倘传后,谁复知贤愚?
或且引为据,竟入史册摹。
乃知青史上,大半亦属诬。

赵翼倒很坦白,一语道破了死者遗属和墓志作者的心态,以及墓志内容的虚伪,贤愚难辨,青史有玷,危害无穷。

还有些人总想攀龙附凤,以名人相标榜。不是师承大家张三,就是得名人李四真传。不是嫡传弟子,就是私淑门生。跟人家说过一句话,就是亲聆教诲;跟人家通过一次信,就说得其亲授。《围炉诗话》的作者吴修龄很不满意那些作了几句诗,就自我标榜是盛唐作风的人。他写了这么一件事加以讽刺:

曾在苏州见一家举殡,其铭旌云:"皇明少师文渊阁大学士申公间壁豆腐店王阿奶之灵柩。"可以移赠诸公。

吴修龄最后说:"此虽虐谑,然依人门户者可以戒矣。"

这是一则讽刺笑话,可见其子孙或邻里抬高其身价之急切。

另一方面,我们从中也可以悟出一点道理来。既能攀龙附凤抬高身价,又不失基本事实,这就要婉转表达,含而不露,一床锦被遮盖。王阿奶的铭旌未免太露骨,但写的路子是对的。中国历史上好些事都是用这种方式表达的。明明是侵略人家，却要说狩猎。打了败仗，甚至被俘了，但为尊者讳，就说皇帝"北狩"。

有史书借鉴，作墓志题匾额写对联的人也就依样画葫芦。汉字的字形结构、双关的修辞方式等等都派上了用场。这样炮制起来既不违背事实和良心，字面上又文雅得体。于是就出现了不少趣闻。

《渑水燕谈录》记载了这样一件事：宋朝时，有一天修史馆里正在讨论为一个贵人作传。这个人年轻时做过屠户杀过猪。在当时认为是一种贱业。而今要入历史，当年这段不光彩的历史怎么办？传里不提吧，不实事求是；写进去吧，实在不好措辞。大家不知如何处理，就去请教当时很有名望的胡旦。胡旦提出了高见：

何不曰："某少常操刀以割，示有宰天下之志。"

胡旦的委婉表达真是妙极了。"操刀以割"暗示这个人杀过猪，写出了他少年时代的行业。"割"和"宰"是近义词。"宰"又有宰杀和主宰的双关意。这样这位贵人的"割"就不是单纯的杀猪了，不同于只知宰杀的一般屠户。少年时代虽然从事屠宰，但是意不在屠宰，意在寄托宰割天下的宏伟理想。这么一说，这位贵人不是少有大志了吗？这就是委婉表达之妙。

《雅谑》里有这样一个故事：

> 青州东门皮匠王芬,家渐裕,弃去故业,里人谋为赠号。芬喜,张乐设宴。一黠少曰:"号兰(蘭)玻可乎?"众问何义,曰:"兰(蘭)多芬,故号兰(蘭)玻,从名也。芬大喜,重酬少年。诸人俱不觉其义,后徐思"兰(蘭)玻",依然"东门王皮"也。

《笑笑录》里记了另一个皮匠发迹致富造房取名的故事。人家给他的房子取名"甲乙堂",原来"甲"字像皮匠锥子,"乙"字像皮匠刀子,仍然点明了主人的出身。《坚瓠集》载一铁匠发家,乡人为他题匾额,有人给他写了"西斋"二字。正如题匾说的"西"字横看是个风箱,竖看是个铁墩。又把铁匠的本业行当暴露出来。

"兰玻""甲乙堂""西斋"很像人的号和堂斋名字,别致似有深意。但是一经点破却是揭人疮疤的恶作剧。如果不仔细推敲或者不知道皮匠、铁匠家世的人,会认为这些名称还颇为文雅,会做出各种高雅的猜测和解释。委婉表达造成了锦绣其外败絮其中的特殊效果。

有的委婉表达是委而又委,婉而又婉,一下子是很难看出其中奥妙的。《笑笑录》里还有这样一件事。一个做仆人的成了富翁,盖了新屋,请人来题匾,人家题了"旦堂"二字。仆人很高兴。仆人"不知优人作旦者,开口曰:'奴家'也"。"奴家"就是"仆人的家"。绕来绕去还是拆烂污,揭老底。这里只说了"旦"字的作用。其实,这"堂"字恐怕也是有作用的。"堂"与"唱"音近,"旦堂"就是"旦唱",以歇后语方法表达就是:旦唱(旦堂)——奴家。如此解释可能更加合理。

再看作对联委婉表达的例子。

有一个富翁住在乡下,他的祖父做过仆人。富翁求人为他写副对联。他得到了这样一副:

家居绿水青山畔,人在春风和气中。

对联应当说是很不错的。大自然的明媚春光,人际关系的和睦融洽都涵盖于内。仔细一琢磨这副对联原来是藏头对,开头是"家人"两字。家人就是仆人。暗示这一家做过仆人。包着橡皮的鞭子打人,真够损的。

不着边际的夸张联想

黄庭坚《次韵雨丝云鹤二首》（其一）：

烟云杳霭合中稀，雾雨空蒙密更微。
园客茧丝抽万绪，蛛蝥网面罩群飞。
风光错综天经纬，草木文章帝杼机。
愿染朝霞成五色，为君王补坐朝衣。

王若虚批评这首诗："夫'雨丝'云者，但谓其状如丝而已，今直说出如许用度，予所不晓也。"（《滹南诗话》）王若虚的意见是对的。诗可以联想，但是必须有个限度。将雨作丝本是比喻，只是取其自高空落下成线这一特定的形态而言。既是比喻，并非真丝，不能推而广之，将丝的其他特点都加在雨丝上。不然，离细雨形态太远而不着边际，就会让人感到失实，反而把握不住细雨的特点，模糊了本来雨丝比喻的形象。黄庭坚把雨丝当真正的丝线来描写，写出它许多用处，甚至可以"补坐朝衣"，这种联想实在可笑。

黄庭坚《题惠崇画图》诗中有这样两句：

欲放扁舟归去，主人云是丹青。

王若虚讥刺道："使主人不告，当遂不知。"(《滹南诗话》下同）王子端有《丛台绝句》，其中有云：

猛拍阑干问兴废，野花啼鸟不应人。

王若虚又评道："若应人可是怪事。"他又引用《竹庄诗话》里记载的法具的一副对联：

半生客里无穷恨，告诉梅花说到明。

接着他揶揄道："不知何消得如此。"

王若虚并不反对联想、夸张，他说："诗人之语，诡谲寄意，固无不可。然至于太过，亦其病也。"他反对的是"太过"。

惠崇画的大概是幅山水，极其逼真，意境超然，让观赏者移情于画，产生很多联想，甚至赞叹没能生活其间，这都是可以理解的。但是夸张说如果不是别人提醒这是一张画，自己真的就要进画而"放舟归去"，就近于荒唐了。人在欣赏艺术品的时候，无论如何投入，总还保留着自我，不可能完全忘我。果真忘我的行动起来，要到画里"放舟"是不可能的，果如黄庭坚所言，那么就是疯癫。

"猛拍阑干问兴废，野花啼鸟不应人"的问题在于从诗意看作者认为野花啼鸟是真的会与人应答的，不过是单单在作者问兴废，需要它回答的时候，反而不吭声了，故而语含怨艾。古诗词中写花鸟有情者不少。花开笑靥迎客，天涯芳草寄情，草木有情牵衣，花放深谷幽独，喜鹊窗前报喜，杜鹃千山啼血等等，都是作者的想象，以己之情泼染花草禽鸟移情于物的结果。感觉似乎如此，并非认为真的如此。"野花啼鸟不应人"给人的印象却是作者认为会真的如此。夸张过头则显得虚伪。

"半生客里无穷恨，告诉梅花说到明。"告诉梅花本来就是夸张了，又一夜不眠对着梅花"说到明"就有点可笑了。一个人如果真的对着梅花说苦说恨唠叨一夜，这就近似精神病了。跨过真理一步就是谬误，超过夸张一步就是矫情。

宋人有两首诗：

其一
高髻长眉满汉宫，君王图上按春风。
龙沙万里王家女，不著黄金买画工。

其二
五换邻钟三唱鸡，云昏月淡正低迷。
风帘不著阑干角，瞥见伤春背面啼。

读了这两首诗，一定认为第一首是写王昭君的，第二首是写闺妇怨情的。谁也不会想到它是题写中国画墨梅的。王若虚把这两首诗读给人听，听者不清楚，告诉他题目之后，仍然大感不解，于是王若虚感慨道："尚不知为花，况知其为梅，又知其为画哉？"

中国古代诗词有以美女比花的传统。既然是比喻，自然要取二者某点共同之处，或写容貌体态如花，或写美女与花的典故等等，想象也好，夸张也罢，总要使美女与花有所联系，让人能看出是美女如花，或花如美女。决不能只写一方，撇开另一方，自己心中认为是在以美女写花，却又不见花的踪影，一味地写美女，自然让读者如坠十里雾中，不搭界的联想，距离要描写的对象十万八千里的联想，是无法让人领会到作者所要描写的对象的。

辑七 名讳杂谈

怎样避忌帝王名讳

在某一时期之内，某些帝王的名字的用字是不能书之于卷，呼之于口的。不要说本字，即令是同音字也要回避。

南宋赵构时，不但忌讳构，连勾、钩、苟，音调不同的字都在禁忌之列。宋仁宗赵祯，除本字祯外，真、贞、徵也要忌讳。真是动辄得咎，开口犯禁，无所适从。为了避讳帝王名号，古人挖空心思，想了不少办法。

首先，用同义词、近义词替代。这是用得最多的办法。这样既回避了帝王名号所用字的字音，又能让人理解词的大概意义，不致差得太远。如地名就有这类的改动：

恒山→常山

富春→富阳

广乐→长乐

京师→京都

人名如：

微子启→微子开

庄光→严光

昭君→明妃

陶渊明→陶泉明

蒯彻→蒯通

一般词语如：

邦→国

盈→满

正直→端直

修→长

秀才→茂才

户→门

世→代

民→人

治→理

一贯→一千

山岳→山岱

练→绢

城→县

第二种办法是另起新名。如：

雉→野鸡

薯蓣→山药

建业→建康

虎子（溺器）→马子

诏书→制书

石榴→金樱

蜜→蜂糖

淳州→蛮州

豫章→钟陵

  人们更改名字的更多，一种是完全改名，一种是将犯禁的字去掉。宋政和年间禁用龙、天、君、王、帝、上、圣、皇、玉、主等字。于是叶天将改为叶将，乐天作改为乐作，毛友龙改为毛友等等。

  第三种办法是把字拆开，用其中一部分。五代吴越王钱镠在位，姓刘的改姓金（繁体"劉"含"金"字），姓留的改姓田。为了避敬字，姓敬的可改姓苟或文。避讳沈字，就去了水旁改姓冘，但又没有这个字，于是就改姓相近的尤。避讳魏字，就改姓委。宋人方天士为了避天字，就去天字一横，名方大士。

  第四种办法就是用同音或近音的字代替，这就比连同音都要避讳放松多了。如：

荀卿→孙卿

鲍照→鲍昭

魏徵→魏证

匡衡→康衡

虎丘→武丘

明朝初年，贸易文契上如标明时间有"元年"（如洪武元年）字样，"元"字都以"原"字代替。因为民间恨蒙古人，不愿意写元朝的国号。南宋皇帝、后妃的御书翰墨，凡写到"金"字，都写作"今"，以表示对北方金朝的回避。不写"元""金"是一种蔑视痛恨感情的表达，与一般敬避是不同的。

第五种方法就是用异体字代替。如明正统十年进士登科录上，凡是"天字"都用异体字"芺"代替，这种例子较少。

第六种方法就是阙笔，改变字的写法。清乾隆皇帝名爱新觉罗弘历，遇"弘"字改为"宏"，如遇到"泓"字就要写作"泓"，最后的一点不能写，遇到历（繁体为"歷"）中间要写成"林"，不能写成"秝"，下面的"止"要写成"心"，也就成了"歷"，改变了原来的字形。又如清嘉庆帝名爱新觉罗颙颐琰。遇到"颙"（繁体"顒"）就写成"䫿"，下面缺两笔。遇到"琰"写作"玸"，改变了字形，也可以说成了异体字。民间推而广之，过去就有人把"淡"写成"浚"，"谈"，谈写成"谂"。

避忌帝王名号的办法大致如此，未必尽备。

避忌帝王名讳的恶果

人的名字就是人的记号、标志，本来就是让别人呼唤的。可是封建帝王的名字却不同，治下百姓口不能呼，字不能写，遇则回避，他们的名字涂上了一层神圣的光环，触犯了就要治罪。地名触犯了改地名，人名触犯了改人名，天地万物名号只要与帝王权贵名字同字同音就要改换。

中国历史长，改朝换代多，府治州县常常改名，行政区划时时变动。有时南北分治，南方偏安者又爱用北方沦陷城市的名字加于南方重镇。加之中国地域广阔，难免重名，结果造成了一地多名，一名多地的混乱现象。另外，因避讳帝王名字而改地易名的也不少，雪上加霜，地理名字更为复杂。

汉文帝叫刘恒，恒山就改为常山。三国吴太子名和，浙江禾兴就改为嘉兴。西晋愍帝名司马邺，建业就改为建康。东晋简文帝的郑后名字叫阿春，浙江富春就改作富阳，湖北蕲春改作蕲阳。隋炀帝叫杨广，福建广乐就改为长乐，广陵（扬州）改称江都。唐高祖李渊祖父名虎，浙江虎林改作武林，苏州虎丘改作武丘。唐玄宗名李隆基，四川隆州改作阆中，四川隆康改为普康，隆龛为崇龛，隆山郡改为仁寿郡。唐代宗名李豫，豫章改作钟陵。唐德宗名适，括州改作处州。唐宪宗名纯，淳州改为蛮州。唐穆宗名恒，改恒山为平山。北宋蔡京专权，公文中就将开封的京东、京西改为畿左、畿右。朱元璋的祖父叫诚，于是韦城、相城、胙城的城字改为县。京城外的四个方位，不说城东、城西、城南、城北，以州东、州西、州南、州北代之。

人的名字犯忌更多，北朝周宣帝自称天元皇帝，禁止民间取名用天、高、上等字。宋政和年间禁忌更多，龙、天、君、王、帝、上、圣、皇、玉、主等字都不能用。明朝洪武年间下诏禁止百姓用天、国、君、臣、神、圣、尧、舜、禹、汤、文、武、周、汉、晋、唐、宋等取作名字，连朝代名都不让用了。因崇拜老子李耳，宋政和时一并连耳、伯、阳、聃都不能用。由于犯禁忌，不少人都改了名。有的姓都要改。五代时晋高祖石敬瑭，因他的名字有"敬"字，结果姓敬的都要改姓文和苟。到五代的汉又将文与苟合一恢复敬姓。宋朝时因避讳，又将姓敬的一分为二改姓文、苟。五代吴越王钱镠时因姓刘的和姓留的音同镠，于是改姓金（繁体字刘中有金字）和田。五代闽国的建立者叫王审知，因姓沈的与审音同，沈姓便去了水旁，改姓与"尢"形近的尤。明朝魏忠贤擅权，有的人就把自己的魏改成了委。

最可笑的是死去的古人却犯了活人的禁忌。因死之古人也要服从当时的需要而改换姓名。汉景帝叫刘启，《史记》就把周朝宋国始祖微子启改为微子开。汉武帝名刘彻，汉初的蒯彻就改为蒯通，一直延续下来，汉宣帝名刘询，荀卿就改作孙卿。汉明帝，名刘庄，老庄就成老严，庄光改成严光。晋文帝叫司马昭，王昭君就改称明妃，三国的韦昭改为韦耀。因避武则天讳，晋诗人鲍照就要改为鲍昭。宋朝因避忌，魏徵改称魏证，匡衡改称康衡。如此等等，后人改前人名字者甚多。

对帝王名字的禁忌也影响到词语的变化。秦始皇名嬴政，正月改称征月，《史记》又称端月。当时书中正字都作端字，正直改端直。为忌刘邦的名字，书中凡邦字都改用国。他的妻子名吕雉，于是雉这种鸟就改称野鸡，至今二者通用，前者为学名，后者为俗称。汉惠帝名刘盈，凡是盈字都用满替代。淮南王刘安父名长，所以《淮南子》书中长都用修代替。东汉光武帝名刘秀，秀才就称作茂才。汉明帝名刘庄，办装（置办行装）一词就改为办严。晋大臣羊祜镇守荆州十年，当时人避讳祜字音，称房舍不叫户叫门。晋景帝名司马师，京师就改称京都。晋惠帝名司马岳，山岳就改称山岱。东晋简文郑后名阿春，《春秋》这部史书就改名《阳秋》。南北朝南朝梁武帝萧衍小名练，于是练就改称绢。唐李渊祖父叫虎，就改虎贲称武贲，虎子（溺器）称马子。避讳唐太宗李世民的名字，唐史中凡世字都用代，民字都用人。改民部为户部，后来一直延续下来。唐高宗名李治，唐史中用到治字都以理字代替。因避武则天讳，诏书改称制书。唐代宗名李豫，薯蓣就改称薯药（山药）。五代吴越王钱镠在位时，杭州一带把石榴称作金樱。唐末杨行密在江淮间做节度使,当地人称蜜叫蜂糖,安徽荇溪改称菱溪。吴越文穆王名钱之瓘,称数目一贯为一千。宋仁宗叫赵祯,蒸、祯同音,蒸饼就改称炊饼,《水浒传》中武大郎就是卖的炊饼。宋英宗名赵曙,薯药改名山药。这样,薯蓣在唐代宗时避忌改作薯药,宋时又避忌改作山药,薯蓣两个字全改了,面目全非。

前边已经谈到,帝王名字的禁忌,徒然使一地多名,一名多地的现象更加严重。对人名来说也是如此。中国人的名号本来就复杂,有乳名,有学名,有名有字有号有别号,字和号有的还不止一个,还有的以职务、住所为代称,如柳柳州、杜工部等。一个人的称呼就一大堆,再加上避帝王名讳,姓名又被改来改去,姓名字号更加复杂,造成混乱。唐诗中曾有"何事学泉明""闻道泉明居止近"的诗句,于是有人就认为陶渊明一字泉明。实际上这是因为唐人避讳李渊的渊字而改了陶渊明为泉明。结果造成了不必要的误会。

事情总是一分为二的。帝王名字的禁忌对考古学、版本学的考证不无好处。我们可以从书中用字犯禁避讳的情况,判断书抄写刻印的年代和真伪。这也算是帝王名字禁讳的副产品吧。

可笑的家讳

假如说帝王的名字不能呼之于口是"国讳"的话，那么，父母祖先的名字子孙也要避忌，那就是"家讳"了。就是由于这"家讳"，在封建社会给子孙带来了不少麻烦，出了不少洋相，闹了不少笑话，甚至断送了一生前程。

在唐朝，如果父祖的名字有"常"字，他就不能任太常之官，有"卿"字的，就和带"卿"字的官绝缘。《唐律》中有这方面的规定。其实在南朝宋时就有人自觉避忌了。修过《后汉书》的范晔，因为父亲名泰，他就拒绝太子詹事的任命。唐人贾曾父名言忠（一说至中），就不做中书舍人。萧复要擢升为户部尚书、行军长史，因为父名衡，"行""衡"音近，就把行军长史改为统军长史。五代时崔居俭要做礼仪使，他却推辞了，因为他的祖父名蠡。宋人吕希纯因父名公著，就辞去著作郎。家讳开始只是避忌本字，后来连同音、近音字都回避。这就有点动辄得咎了。这些人虽然因避家讳放弃升迁的机会，但是终究还有官做。受害最深的要算唐代著名诗人李贺了。李贺的父名晋肃，"晋""进"同音,结果他一生就不能考进士。对一个封建社会的知识分子来说是最大的打击。祖父为父亲命名不慎,居然对孙子贻害一生。李贺是苦闷的,不甘心于此,但迫于压力,不得不向命运、舆论低头。

有人提倡,舆论支持,自然就有自觉地遵守者。于是不近人情的可笑就出现了,这些人有发挥有创造,走得更远。宋人刘温叟父名岳。结果这位仁兄就一生不听音乐,不游嵩山、华山,大概是因为嵩山又称中岳,华山又称西岳的缘故吧。"岳""乐"同音,自然丝竹不入耳,嵩、华不涉足了。不然,不是踏了老爷子的身子了吗?看来他一辈子没登过山,因为山都可以称为山岳的。他每次到朝廷去赴宴,听了音乐演奏回来,就要哭泣半天,并声明:"如果不是皇帝的旨意,我决不会听音乐。"以此表示向祖宗的忏悔,请求谅解,向世人表白:君臣关系高于父子关系,君命难违,没有办法。还有一位徐积,因为父名叫石,他一辈子就不用石器,遇到石头就不敢踏踩。

刘温叟、徐积把人名和物名混同起来,迂腐得真可以。另一方面也表现了十足的虚伪。刘温叟一生不听丝竹之音,但不忌讳唱歌,按他的解释唱歌"乃咏歌之声,吾何避哉?"好像唱歌就不算音乐了。不知道刘温叟会不会看到云遮月就大哭一场,因为"岳""月"同音,云遮月不就是父亲眼前一片黑暗吗?那还能不哭!果如此,刘温叟一年之中当有多少日子以泪洗面!徐积既然不敢踏石头,那么他肯定没有上过山,没有踏过石头台阶,没有给他父亲立石碑。不然,不就踏了生父，在老爹身上琢来凿去了吗？如果饭中吃到了砂子，不知如何悔罪？这分明是亲口咬了父亲一口吗。把父亲和石头同等看待，这难道是对父亲的尊重？如此有悖人情的遵礼守制，只能有一个目的：哗众取宠，显声扬名。

不管刘、徐二位出于什么目的，恪守家讳终究是他们自己的事。有的人为了避家讳，危及别人，影响社会文化就不能原谅了。唐朝崔殷梦掌科举，吏部尚书归仁晦的弟弟归仁泽参加科举考试，归仁晦就想托付给崔殷梦关照一下。崔只是哼哼哈哈，后来又托了几次。最后崔殷梦表态了，我见到名单了，我批评了交给我名单的人。原来他的父亲叫龟从，"归""龟"同音，他责怪的是手下居然不知道他父亲的家讳，而把姓归的名字也送上来。所以他一再哼哼哈哈不答应归仁晦，有其难言之衷。归仁泽的科举结果也就不言而喻了。只要崔殷梦掌管科举，归仁泽就甭想考中。归仁晦走后门，固然不对，但是归仁泽因主考官避家讳而耽误了自己的前程，也值得同情。

五代后唐时，卢文纪任工部尚书，新任命的郎中于邺要参拜他，他拒绝接见。于邺非常害怕，一天晚上居然上吊自杀了。为什么卢文纪要把于邺拒之门外呢？原来卢的父亲叫嗣业，"业""邺"同音，竟然闹出一条人命官司来。因此，卢文纪也贬了官，去做石州司马。（事见《容斋续笔》）

司马迁的父亲叫司马谈，司马迁写《史记》就把赵谈作赵同，张孟谈改作张孟同。范晔在《后汉书》中就把后汉的郭泰改为郭太，因为他父亲名泰。中国的历史典籍本来就由于避国讳把人名、地名搞得够混乱了,如果谁写历史谁就避家讳而随便改动历史人物名字,不就更乱了。

十国时梁太祖朱温父名诚,"诚"字有点像"戊",于是把甲子的"戊己"改作"武己"。唐末杨行密父名怤,与"夫"同音,他就把御史大夫、光禄大夫的"夫"都去掉,称御史大、光禄大。简直让人莫名其妙。

对待家讳,确实也有比较旷达的人。宋人杜衍的见解就算是开明的。他说:"父母之名,耳可得闻,口不可得言,则所讳在我而已,他人何预焉。"他去并州做官,不到三天,下面官吏就请示他有什么"家讳"。他回答说:"下官无所讳,惟讳取枉法赃。"为了尊敬长辈,回避一下他们的名字未尝不可。至今在一些农村仍守旧制。然而有时候,越是忌讳,人家越是开玩笑。所以家讳避不避由己,别人就无法要求,尤其是不知情者。

由于避家讳也出了不少笑话。《稗史》中有这么一个故事:

> 钱大参良臣,自讳其名,其幼子颇慧,凡经史中有"良臣"字辄改之。一日,读《孟子》:"今之所谓良臣,古之所谓民贼也。"遂改云:"今之所谓爹爹,古之所谓民贼也。"

这孩子确实聪明,从小就知道为长者讳。可是聪明过了头,反而骂起爹爹为残害百姓的民贼来。超过真理一步就是谬误。

宋朝人王彧有个六岁的儿子王绚，读《论语》读到"郁郁乎文哉"这一句时，他的外祖父何尚之就跟他开玩笑说应读作"爷爷乎文哉"。江浙一带称父亲为爷爷，"彧""郁"同音，读郁字的本音就等于呼唤父亲的名字，这是大不敬，王绚应当回避。所以外祖父就教他一个办法，把"郁郁"读作"爷爷"。王绚马上回答了一句"草翁之风必舅"。这是怎么回事呢？原来《论语》中有句话是"草上之风必偃"。王绚外祖父何尚之，"尚之"与"上之"同音，他的舅舅也就是何尚之的儿子叫偃，《论语》这一句话中既有外祖父名讳又有舅舅名讳，无怪乎王绚要读作"草翁之风必舅"了。王绚的回答很机智，以外祖父何尚之之道还治何尚之之身。

何尚之和外孙子王绚的这段对话，看起来是个玩笑。但却提出了一个很严肃的问题：读书哪里能如此忌讳。不然的话，谁读谁回避，千人读一书则有千种读法，大家都"爷爷乎文哉""草翁之风必舅"起来，岂不作践古书，如何交流，谁还听得懂。

何尚之祖孙二人对那些迂腐的矫情者嘲笑、挖苦得好。

避忌自己名号

避讳帝王名、避讳父祖名的不少,但也有让别人避讳自己名字的。这些人自高身价,拿腔作势,但是往往自讨没趣,搬起石头砸自己的脚。

宋朝人田登,让府治的百姓避讳他的名字,谁要触犯了他就大怒。于是当地人都不敢发"登"字音。用来照明的灯都用近义的火字来代替。上元节放花灯,吏人就在闹市张贴了布告:"本州依例放火三日。"以火代灯,意思完全变了。(《老学庵笔记》)

宋朝宗室名叫宗汉的,就讨厌人家犯了他的名讳,把"汉"说成"兵士"。一天他妻子供奉罗汉,儿子学习《汉书》。宫里人就传言:"今日夫人供十八阿罗兵士,太保请官点兵士书。"当时京城传为笑谈。

宋朝一上官名叫申。最恨别人话中带出申字。有一天一位知县晋见。他向知县打听一件案子办的情况。知县回答:已经申报到郡里去了。上官想暗示他一下,犯了"申"字,就说:你不申报也罢。知县对答:这件事断然含糊不得,卑职申报到郡上如果不审理，就申诉到监司去，申诉到监司不审理，就申诉到台院，一次不审理就申诉二次，二次不审理就申诉三次。申诉来申诉去，直到申死才算完。上官听了虽然很生气，但也拿他没办法，只好"笑而遣之"。

这位知县大人要么是一位书呆子，忘了上官的忌讳，要么是有意识地作对。看来后者的可能性很大。你看他用了那么多申字，几乎成了绕口令。你不是忌讳"申"吗？我偏不买账，故意"申来申去"，"直待申死方休"。知县不满作威作福的上官，我们不能不佩服他的胆量。梁绍壬在《两般秋雨盦随笔》里讲了这个故事后评论道："惹人抢白，是亦何苦。"他也认为申上官是自作自受。

褚人获在《坚瓠集》（亦见于《稗史》，略有不同）里讲到他家乡吴县的一件事。一个叫赵良臣的，请了一位先生教他儿子读书。教书先生讲到《孟子》："今之所谓良臣，古之所谓民贼也。"他要避讳主人的名讳，便把"良臣"二字改作"爷爷"。于是就让他的学生读成了"今之所谓爷爷，古之所谓民贼也"。如果说教书先生想拍主人的马屁，这下子倒骂了主人。如果是对主人忌名讳不满，他利用孟子成句骂了主人，又不能不说是他的聪明。

上面的故事和它的编者都表示了对忌讳名字的揶揄。但也有些人却利用避名讳来逢迎拍马。宋朝有一位官员为了向蔡京献媚，呼蔡京为父。既然以蔡京为父，自然严令全家谁也不能犯了"京"字。家属犯了严厉训斥，奴婢犯了要鞭笞，客人犯了要罚酒，自己犯了打嘴巴，无耻透顶。

明朝太监魏忠贤擅政，作威作福，他的生祠遍天下。山东巡抚李精白在一篇祝词中吹捧魏忠贤"尧天巍荡，帝德难名"。其中"巍"字却把"山"移到了"魏"字下，成了"魏"。意思是不敢把山压在魏的头上。亏他想得出，不惜改造汉字以工其谄，马屁精可真到家了。仓颉造字之初，大概从来也没想到会派生出这么多故事来，衍生出这么多罪过。

辑八 一字一句贵考量

苦吟漫议

中国古代读书人为了汲取知识，出现了不少头悬梁、锥刺股、萤窗雪案的故事。另外还有一些苦吟诗人，他们的创作态度一丝不苟，如醉如痴。

杜甫是"语不惊人死不休"，执着追求。杜荀鹤说："生应无辍日，死是不吟时。"活到老创作到老。方干是"吟成五字句，用破一生心""才吟五字句，又白几茎髭"。贾岛有两句得意的诗"独行潭底影，数息树边身"，他说这是"两句三年得，一吟双泪流。知音如不赏，归卧故山秋"。三年写成两句，苦吟可想，自然高兴得泪流满面，希望找到知音。传说他的"鸟从井口出，人自岳阳来"，也是花了一年工夫才写成的。诗僧贯休的"此夜一轮满，清光何处无"，也是经年之作。刘昭禹说："句句深夜得，心从天外归。"真是深夜不寐神驰八极了。卢延让在《苦吟》中道出了甘苦："莫话诗中事，诗中难更无。吟安一个字，捻断数茎须。险觅天应闷，狂搜海亦枯。不同文赋易，为著者之乎。"确实画出了诗人吟诗撚须沉思，不暇旁骛的神态。为一字反复斟酌，天若有情天亦老,海中采珠海也枯。文赋之类还可以用"者之乎"填平补齐,诗歌格律句式很严,自由太少当然更难。

　　苦吟诗人终日萦回脑际的就是诗,有时都到了神魂颠倒的地步。裴祐袖手沉思,衣袖为之磨穿;王维神情专注作诗而走入醋瓮;李贺每天骑马出门,构思诗作,得佳句,立刻投入锦袋内,回去后再作加工润色。宋人梅圣俞不论是吃饭睡觉,还是出外游览,无时无刻不在作诗。有时正和朋友交谈,突然退席,迅速在纸条上写下所得诗句,投入袋中。清人王士禛在北京专门收拾了一间房子作为诗室,断笺零纸,鳞次排列墙上,有的一两句话,有的数十个字,都是平时的创作。他们将一时所得收拾起来,以备随时采用。

　　由于诗人沉浸于构思营造诗句之中,所以他们的所作所为在别人看来近似精神失常。贾岛推敲的故事,人所共知。另外在长安时正值秋风送爽时节,黄叶纷飞,他得了一句"落叶满长安",求一联而不可得,冥思苦想中,冲撞了京兆尹刘栖楚的仪仗,被关了一宿。唐末诗人周朴,野外遇到一位樵夫,他忽然抓住人家,且厉声说:"我得之矣!"樵夫大吃一惊,以为他有精神病,挣脱以后,丢下柴草就跑。正好遇上了巡逻的士兵,怀疑他是小偷,就被抓起来审问。周朴走上来告诉士兵说:我刚才看见这位樵夫,受到启发,得到了好句子。事情说清楚了,士兵就把樵夫放了。周朴遇樵夫而得的诗句是:"子孙何处闲为客,松柏被人伐作薪。"因这两句诗差一点让樵夫蒙不白之冤。

　　清朝一位私塾先生夜里起来作《梅花诗》,行吟到天亮,走了很远，鞋子都磨穿了不能走路。但是他仍然没忘了到村店里借纸笔把作的诗记录下来。一位秀才朱竹笙，苦吟日夜不辍。吟到得意处，当面跟他打招呼都听不见。冬夜围火炉喝酒，突然来了诗兴，得了一句"春入酒杯宽"，一时得不到上联。摇头晃脑忘乎所以，坐到了炉子上，火把皮袄烧了，都没察觉。家里人嗅到了衣焦味，一见大惊，一边给他脱皮袄一边扑打。他认为打断了他的诗兴，大骂不已。一个叫刘维谦的，从西湖坐船回家，月夜在船头酝酿了两句诗："犬吠孤村月，蛩吟两岸秋。"独坐船头很是得意，不停地吟诵。待了一会儿，听不到声音了。原来坠入到水中，遇救得免一死。贾岛说："一日不作诗，心源如废井。"作诗成了一种癖好，成了他们生活的一部分。

这些人往往还有一种酝酿感情获得灵感的特殊方式。宋朝一位隐士杨朴，性格怪僻，当他想作诗的时候，就爬在草丛中冥思苦求，一旦得了佳句，就一跃而出，遇上的人就吓一跳。明朝有位罗玘，作诗险怪奇古。住在南京的时候，要作诗了，就到一棵大树上待着，或者闲坐在一间屋子里，容色枯槁，有死人气。有人求他写个墓志铭。写完后，他说："吾为此铭，瞑去四五度矣。"所以王世贞在《艺苑卮言》里说："今其所传《圭峰稿》者，大抵皆树巅死去之所得也。"宋人陈师道爱苦吟，诗兴来了，就马上回家蒙头大睡，特别讨厌人说话打断他的构思。人称"吟榻"。每到这时候，家里人就把孩子抱到邻居家里去，以免哭闹影响了他的创作兴致。

如此苦吟，自然一字不苟，贾岛对"僧敲月下门"是

"推"来"敲"去。王安石"春风又绿江南岸"的"绿"字也是从到、过、满等十几个字中筛选出来的。金人王若虚谈到自己的创作态度时说:"吾作诗甚苦,悲吟累日,仅能成篇,初未见可羞处,明日取读,疵病百出,辄复悲吟累日,反复改正,稍稍有加。数日再读,疵病复出,如此数四,方敢示人,然终不能奇也。"(《滹南诗话》)明人李梦阳作诗苦思,诗快写成了,只要有一二句不太好,就扔掉。别人认为太可惜,他却说:"是自家物,终究还来。"宋人韩子苍的诗"终身改窜不已",有的已经寄给别人几年了,觉得不妥,还要追取回来再改上一两个字。有人到了六十岁,认为五十九年的全部创作都不满意,见到过去写的文章就讨厌,恨不得全部烧掉。这种永不满足,精益求精的态度是可敬的。

前面提到的苦吟诗人周朴,还有这样一段佳话:有一人想跟周朴开个玩笑,故意骑驴从周朴身旁走过,口中念着周朴的诗:"禹力不到处,河水流向东。"周朴一听就生气了,立即追赶这个人,前面的人就催动毛驴快走。周朴追了几里路才追上他。周朴告诉他:"我的诗是'河水流向西',怎么能读流向东呢?"一字之差,即便是个路人读错,也不惜追出数里订正。他担心谬误流传,毁了佳作,坏了名声。认真精神可嘉。唐人裴说说:"莫怪苦吟迟,诗成鬓亦丝。鬓丝犹可染,诗病却难医。"头发白了可以染,诗有毛病流传开来无可挽回,所以不得不慎重。

诗人作诗非常投入、认真。一旦得了好句,自然欣喜若狂。"一吟双泪流",高兴得哭了。在草丛中得了佳句,会一跃而出，兴奋异常。据说贯休得了"此夜一轮满"，经年才写出下一句"清光何处无"，狂喜的心情无法宣泄，于是半夜起来撞钟，结果搞得全城不安。晏几道在南郡做官，诗友王君玉与之同住。中秋节，天气阴晦，无法赏月。夜里王君玉派人去看晏几道，回报说已经睡了。王君玉立即写了两句诗："只在浮云最深处，试凭弦管一吹开。"送了上去。晏几道一看有好诗，兴致大发，立即召集客人设宴作乐，通宵达旦。裴说有诗"苦吟僧入定，得句将成功"。写出了诗人创作的前后心态。酝酿的时候，好像和尚打坐，精神专一。一旦得句，犹如大将凯旋，趾高气扬，功成名就，何等兴奋。宋人吴迈远每作诗得了佳句，就高兴地大喊大叫："曹子建何足数哉！"清人赵云松作《不倒翁》诗，想用"黄胖春游"四个字，一时找不到对称的，第二天洗澡时，突然对上了，一高兴跳了起来，把浴盆都打破了。

苦吟诗人殚思竭虑，用脑过度，日思夜想，精力消耗极大，他们的头发早早白了。据说孟浩然眉毛脱光了。李贺英年早逝，与其苦吟大概也不无关系。他们经常吟诵达旦，梦中还在作诗。身体怎能不虚弱多病。李白就给杜甫开玩笑："借问别来太瘦生，总为从前作诗苦。"宋人吕本中十六岁时作过两句诗："风声入树翻归鸟，月影浮江倒客帆。"结果累得吐血，一生瘦弱多病。宋人黄彻说过："山泽之儒多病，诗人尤甚。"原因是"掉头捻须之苦，岂有张颐丰颊者哉"。说得很有道理。山泽之儒没有俸禄，生活条件不好，自然清瘦。诗人整日摇头晃脑，捻须沉思，消耗大量精力，自然难于肥头大耳，身体易于消瘦清癯。

诗人对诗歌苦心孤诣的经营，确实令人敬佩。创作应当有这种严谨负责的精神。对己负责，对读者负责。通过作者的月锻季炼，字字推敲，果真出了不少佳作。"春风又绿江南岸"的"绿"字比其他字确有优势。贾岛的"独行潭底影，数息树边身"。自认为这两句三年得的佳句，如不被人赏识，从此入山不出。果然有不赏识者，宋人魏泰就说："不知此二句有何难道，至于'三年始成'，而一吟泪下也。"（《临汉隐居诗话》）魏泰的看法是对的，作为苦吟的精神是可以肯定的，作为传世之作则未必。这就是作者与读者的主客观矛盾。即使对"推敲"也有不同看法。王夫之就认为："僧敲月下门，只是妄想揣摩，如说他人梦，纵令形容酷似，何尝毫发关心？……若即景会心，则或'推'或'敲'，必居其一，因景因情，自然灵妙，何劳拟议哉？"（《姜斋诗话》）在王夫之看来，"即景会心"，诗是情之所至的必然产物，不必字雕句琢，单纯地在文字上下功夫。

不可讳言，苦吟诗人只重于一字一句的精雕细刻，求之过甚，刻意创奇，往往忽略了立意谋篇，对诗歌作整体性的把握，步入了形式主义的泥潭。司空图说，贾岛的诗"诚有警句，视其全篇，意思殊馁"。（《与李生论书》）宋人陈去非说得透彻：

> 唐人皆苦思作诗，所谓"吟安一个字，捻断数根须""句向夜深得，心从天外归""吟成五字句，用破

一生心"……之类是也。故造语皆工，得句皆奇，但韵格不高，故不能参少陵逸步。(《韵语阳秋》)

单句看来不错，整篇而论不佳，这就是专务字句的副效应。

苦吟之风可能与科举有关。唐时考试前举子要走门路，把自己的诗作送给某一名人。希望得到赏识推荐，如此，当然要千锤百炼了。再者，诗歌创作成风，互相酬唱品评，自然要慎重出手，不然影响个人声誉。另外，有些人才智不高，才思滞涩，但又要硬作，只好以勤补拙，不得不苦吟。

一字师

古人作诗，呕心沥血，一字不苟，创作态度极为认真。同时还经常互相切磋，或请教高人，在中国文学史中就出现了不少"一字师"的故事。

唐代诗人齐己有《早梅》诗，其中两句是"前村深雪里，昨夜数枝开"。诗人郑谷认为"数"字不妥，改为"一"字，既言早梅，当然是开得越少才显得最早，数枝都开了，已经相当繁盛，似与"早梅"不符。改为"一枝"更为贴切。（事见《五代史补》）《庶斋老学丛谈》载好友张橘轩诗："半篙溪水夜来雨，一树早梅何处春？"元好问看后评论说："佳则佳矣，而有未安。既曰'一树'，乌得为'何处'？不如通作一句，改'一树'为'几点'。"元好问很有见地，主旨和郑谷改"数枝"为"一枝"相同。"一树"春梅已春深，何言其早？不必再问何处春。几点梅花是初春，方见其早。

张橘轩与元好问关系很好。元好问还改过他其他的诗。张橘轩有"富贵倘来良有命，才名如此岂长贫"。元好问改作

"富贵逼人良有命，才名如此岂长贫"。"逼人"比"倘来"更有气势，更能显示命中注定的必然性。他寄给元好问的诗中有两句"万里相逢真是梦，百年垂老更何乡？"元好问改作"万死相逢真是梦，百年归老更何乡？""万里相逢"只是突出了地隔天涯相逢之不易，然身体却还安然无恙。而"万死相逢"则是历尽劫难九死一生，本来没有任何再相逢的希望了，但是却又相逢了，更是喜出望外，更不敢信以为真，在双方生死不明的情况下重逢，自然相对如梦寐了。"万死"与"梦"配合切当。第二句"百年垂老更何乡？""垂"改为"归"更能表现晚景的悲惨。"垂老"是马上要老了，一年年接近老迈了。"归老"是已经老了，要退休归里了。后者较之前者更显得处事急切。

据说高适做两浙观察使的时候，曾作过一首诗，其中有两句："前村月落一江水，僧在翠微开竹房。"后来高适再阅诗稿觉得不妥，因为月落地江水随潮退去，只剩半江水，觉得应该把"一"改为"半"字。这首诗是题在寺院墙上的，后来又去寺院想改"一"为"半"。到了那里，和尚告诉他上个月有一位官人从这里经过，称赞这首诗写得很好。但是"一"字不如"半"字，改了以后就走了。高适问那人是谁，和尚说是骆宾王。骆宾王改诗自是无稽之谈，因为高适在杭州时，骆宾王起码一百几十岁，自从讨伐武则天失败后，就失踪了，哪里还是什么官。一说这是任翻的故事。不管是谁写的，"一"字改"半"字确实好。不但符合景色的实际，而且与村舍、寺庙的荒僻氛围也一致。一说是"前峰月落一江水",山峰月落必有阴影,因之只能照半江之水,如此解释,也是"半江水"好,比"一江"恰当。

范仲淹作《严子陵祠堂记》有几句话"云山苍苍,江水泱泱,先生之德,山高水长"。李泰伯看后将"德"字改成了"风"字。范仲淹非常佩服。"德"字太具体有局限,"风"字概括范围更广泛,含流风遗韵影响深远的意思。画龙点睛,一字生色。

李东阳在《麓堂诗话》里有这样一段话:

> 兆先尝见予《祀陵》诗"野行愁夜虎,林卧起秋蝇"之句。问曰:"是为秋蝇所苦,不能卧而起耶?"予曰:"然。"曰:"然则'愁'字恐对不过。"予曰:"初亦不计,'妨'字外无可易者。"曰:"似亦未称,请用'回'字如何?盖谓为夜虎所遏而回也。"予曰:"然。"遂用之。

这里涉及诗句内部的语法关系问题。第一句"愁夜虎"是担心老虎伤害,愁和夜虎是动宾关系。"起秋蝇"是人因为秋蝇所苦而起,前者"起"为果,后者"秋蝇"为因。二者不是动宾关系。为了上下句语法关系一致,上句则改为"野行回夜虎"。就是野行人因为夜虎所遏而绕道。前者"回"为果,后者"夜虎"为因,两句的内部语法关系一致了。

如果上下句中有同义词,古代诗人总也抓住不放,直到改好为止。元诗人萨天锡有一首送别诗,其中有两句"地湿厌闻天竺雨,月明来听景阳钟"。虞翻看了评论:"诗固好,但'闻''听'字意重耳。"萨天锡当时认为虞翻倚老卖老看不起晚辈,后来见到了马伯庸,他和虞翻看法一致,两人构思几天想改一下,始终没找到合适的词。后来又见到了虞翻,虞翻记不得这事了,让萨天锡又诵了一遍。他说:"此易事。唐人诗有云:'林下老僧来看雨',宜改作'地湿厌看天竺雨'。音调更差胜。"萨天锡心悦诚服。(见《逸老堂诗话》)

古人作诗是讲究字字有来历的,"闻"字改作"看"字既有所本,又能和下句的"听"字对应,避免了重复,自然更好。

另外,作诗如果有违经典古训,只要发现了,也要改正过来。《夷白斋诗话》记载,明人都穆年轻时曾在画家、诗人沈周门下学诗。都穆有《节妇》诗,其中两句是:"白发贞心在,青灯泪眼枯。"沈周评论说:"诗则佳矣,有一字未稳。"他又说:"尔不读《礼经》云:'寡妇不夜哭。'何不宜'灯'字为'春'字?"都穆不觉悦服。沈周如此以古训要求诗人,未免迂腐。把"灯"字改成"春"字。合于《礼经》了,但却破坏了诗的意境。原诗有人有情景气氛。白发老妇深夜对青灯而发呆,眼泪流干默默无语。如改成"青春泪眼枯"则将夜灯独对的凄凉环境气氛一扫而光,单纯成了寡妇心情的重复描写,并不高明。且诗歌是文艺创作,岂能处处以事实典章制度胶柱鼓瑟。不然就都会变成台阁体和御制诗了。所以沈周这个一字师是有愧的。

断了的生物链

大自然万物是互相制约的,又是互相促进的,这就是生态平衡问题。苏轼有两句诗:"君欲富饼饵,会须纵牛羊。"你要想有吃有喝大丰收,就要把牛羊放到麦田里践踏。这是指的黄土高原一带的情况。这种做法不了解具体情况的人难于理解。实际情况是这样的:当地种麦子很多,春天的时候,麦子返青以前长得太密,让牛羊啃噬践踏令其稀疏,起到间苗作用,反倒多产。北方其他地方,如山东、河南一带过去也有这种情况。春天麦苗返青之前,牛羊啃噬麦苗,主人不问。

《淮南子》卷十六中有这样两句话:

> 山有猛兽,林木为之不斩;园有螫虫,藜藿为之不采。

这两句话和苏轼的诗一样,都反映了一个生物链的问题,生态平衡问题,山中有凶猛的野兽,樵夫不敢进山砍伐,自然森林繁茂,猛兽保护了山林。园子里有毒虫伤人,人们就不敢进去采野菜，自然藜藿这些可吃的野菜就得到了保护。

《淮南子》的作者是汉武帝时的刘安。后来到了汉宣帝时，有个大臣叫郑昌的，他曾向皇帝上书说：

> 山有猛兽，藜藿为之不采；国有忠臣，奸邪为之不起。

说的是，山中有猛兽，人们不敢进山，野菜无人采集而得到保护；国家有忠臣，奸邪之徒就不能得逞。郑昌显然是用了《淮南子》的话做比喻，引出忠奸之论，说明他的观点。但是他在引用《淮南子》的话时，却犯了一个错误。他把原文中的两句合二为一了。可能是读书串了行，抑或只凭记忆未查原著，抑或是简缩原话，把前一句的上半句和下一句的下半句捏在了一起。他忽略了一点，藜藿在原文中是生长在园子里的，园子里哪来的猛兽？所以深山里的猛兽只能威胁到进山的樵夫，威胁不到进园子里挖野菜的人。猛兽代替不了毒虫，起不到保护藜藿的作用，达不到目的。二者没有必然联系，不存在因果关系。生物链在这里让郑昌弄断了。

从郑昌这件事中，我们至少可汲取两条教训：一是引文意义要准确，要理解原文的意思及内在的逻辑。二是简缩句子要当心，切莫只图简短而歪曲了原意，简而不明，驴唇对不上马嘴，走了形，变了味，就不好了。

诗句组合有学问

　　终日昏昏醉梦间,忽闻春尽强登山。
　　因过竹院逢僧话,又得浮生半日闲。

　　这是唐人李涉《登山》诗。看来诗人一个春天都闷闷不乐,整天在醉梦中打发日子。然而忽然听说春天马上要过去了,又倍增惆怅,于是想勉强登山解忧,开阔一下心胸。途中邂逅一片竹林寺院,这里住的还是雅僧,言语投机,做了长谈,果然心情好多了。在浮生忙忙碌碌的庸俗生活中,好不容易又有了半天的超脱尘俗的情趣。

　　《湛浦静语》里记载,有一个叫莫子山的人,空闲时在山中行走,经过一座寺院,颇有山泉怪石的胜致,触景生情就吟诵起李涉的诗来。谁知道这里的寺僧并没有《登山》诗中和尚的雅趣,主持僧是一个庸碌之辈,聊了半天,根本谈不拢。话不投机就脱身吧,这和尚却缠着不让走,他以为来的这位莫子山一定是个大施主,最后还不得施舍点东西?于是苦苦留住吃饭。

莫子山一肚皮不高兴,实在忍受不了和尚的俗气,看山游寺的清兴烟消云散。莫子山灵机一动,就把李涉的诗颠倒错综地改了,写在了壁上:

又得浮生半日闲,忽闻春尽强登山。
因过竹院逢僧话,终日昏昏醉梦间。

原诗是写心情由抑郁遇僧闲谈之后而转为淡泊闲适,由坏心境变为好心境,多亏和僧人聊天,从佛门弟子那里领受了一股清新之风,暂时忘掉了红尘累人,获得了一时的解脱。莫子山也想领略一下李涉心情演变的过程。遗憾的是他碰上的却是一个只会化缘吃饭的俗僧,闲聊之中倒了胃口。把诗这么一改,和原诗相比,心情的演变成了倒序——由比较好的心情变成了很坏的心情。诗意成了:好不容易得了半天闲工夫,春天快过去,赶快去登山游赏。不巧,到了一所梵寺,倒霉遇上了一位吃饭和尚,絮絮叨叨不知趣,搞得人一整天晕头转向。

这些诗句好像七巧板,李涉拼成的是一座楼台亭阁。莫子山有意把它拆散重新组合,却摆成了断壁残垣。二者意义景观完全相反。由这件事,给我们以启发:看来作文章,推而广之作画作曲,都有一个如何安排使用材料结构全局的问题。否则,纵然是金箔玉片,也不会有金镶玉嵌的艺术品出现,顶多是散金碎玉。

诗情地域应相宜

清人王士禛的《渔洋诗话》里有这么一段话:

> 陈伯玑常语余:"'姑苏城外寒山寺,夜半钟声到客船。'妙矣。然亦诗与地肖故尔。若云'南城门外报恩寺',岂不可笑耶?"余曰:"固然。即如'满天梅雨是苏州''流将春梦过杭州''白日澹幽州''风声壮岳州''黄云画角见并州''淡烟乔木隔绵州',皆诗地相肖。使云'白日澹苏州''流将春梦过幽州',不堪绝倒耶?"

这里王士禛提出了一个"诗与地肖""诗地相肖"的问题。也就是说诗的语言风格,所形成的氛围和意境,应当和所写的地方的自然环境人文环境相协调。

姑苏自古是山清水秀、风景如锦之地,是文人墨客笔下杂花生树,群莺乱飞的江南天堂。姑苏流水纵横,以水道为街市,所以张继诗的前两句有"渔火""客船",点出了江南水乡的特点。整首诗是以浓重的"愁"的情结贯穿的,"寒山寺"的"寒山"二字与"月落乌啼""江枫渔火""夜半钟声"相配合,更形成了一种凄凉的情调,与"对愁眠"的心境是一致的。正如王士禛、陈伯玑提到的,如果改为"南城门外报恩寺",则水乡的凄苦情味一扫而光,显示的却是浓重的世俗气。

江南春日梅雨连绵,所以说"满天梅雨是苏州"。北方多风沙,日光暗淡,黄沙蔽日,云也为之变黄,地处边塞,角声连天。因之"白日澹幽州""黄云画角见并州"就渲染出了北方大漠和黄土高原萧煞的气氛。幽州、并州在诗人墨客笔下就和苍凉荒僻的气象结下了不解之缘。

反之,如王士禛所言,改为"白日澹苏州""流将春梦过幽州",就会让人笑掉大牙。苏州不是风和日丽就是梅雨连日,无沙暴,无凛冽寒风,何来淡淡白日?幽州边塞多征战,有的是征夫泪、思妇情,哪来轻盈缥缈春梦流?文学作品的遣词造句自应与所描写的事物格调一致,不然就会成为西装革履瓜皮帽,脑后拖条小辫子,成为滑稽可笑的丑角。于相声打油诗是可以的,于严肃的文学创作不能不诫之。一不留神,在俊俏的姑娘脸上点个白鼻子,哭笑不得。

辑九　胶柱鼓瑟说诗词

柳永一首词的功过

南宋著名词人柳永写过一首词《望江潮》：

东南形势，三吴都会，钱塘自古繁华。烟柳画桥，风帘翠幕，参差十万人家。云树绕堤沙，怒涛卷霜雪，天堑无涯。市列珠玑，户盈罗绮，竞豪奢。

重湖叠巘清嘉，有三秋桂子，十里荷花。羌管弄晴，菱歌泛夜。嬉嬉钓叟莲娃。千骑拥高牙，乘醉听箫鼓，吟赏烟霞。异日图将好景，归去凤池夸。

歌舞升平地，秋桂夏荷，柳永这首词写尽了杭州的风光繁华，令人心向往之。无怪乎传说金主完颜亮读到这首词后，对"三秋桂子，十里荷花"的江南景色极其倾慕，遂唤起"执鞭渡江"之意。果然1161年完颜亮大举进攻南宋。在现在的安徽采石一战而惨败，自己也被手下部将杀死。

有感于金人进攻南宋，谢处厚写了一首诗：

谁把杭州曲子讴？荷花十里桂三秋。

> 那知卉木无情物，牵动长江万里愁。

作者把这场大战的责任推到了柳永身上。似乎如果不是柳永写这首词，就不会引起完颜亮的野心，也就不会大动干戈，牵动长江万里愁了。

宋人罗大经反对这种看法，见解是新颖的。他认为这首词虽然牵动了万里愁，但终究是完颜亮送死的导因，柳永是有功劳的。《望江潮》鬼使神差地把完颜亮引上了黄泉路。所以他认为柳永写这首词没有什么遗憾。遗憾的是士大夫流连于歌舞嬉游之乐，而忘了中原的恢复。于是他写了一首翻案诗：

> 杀胡快剑是清讴，牛渚亦然一片秋。
> 却恨荷花留玉辇，竟忘烟柳汴宫愁。

他充分肯定了柳词是杀胡的"快剑"。

谢处厚只看到了柳词诱引金主南侵的一个方面，因而判定柳词有罪过。罗大经懂点辩证法，能一分为二地看问题，认为柳词有功有过。过是牵动长江万里愁，引发了一场大战，功是使完颜亮走向死路，从总的结果看柳词是有功的。但是二人都犯了一个错误，那就是把文学作品的作用看得太神了，居然能引起一场大战。金主完颜亮南下是政治、经济、军事的综合因素决定的，哪里能怪罪或归功于一首词呢？当然我们也不能过分苛求古人。

诗里酒价莫当真

据说有一名状元,年过四十,身高体胖,满脸麻子,想在京城买一个妾。有一个姑娘同意。因为他读弹词的时候,弹词里的状元都是美貌年轻男子,风流倜傥、风度翩翩。等到结婚的夜晚,一看这位状元郎却是如此嘴脸,很不痛快,这位新郎又很能喝酒,大醉狂吐,枕头被褥全弄脏了。姑娘一气之下,悬梁自尽了。这是《雨窗消意录》里写的一件事。这位姑娘忘了全信书不如无书,她上了弹词的当,弹词是文艺作品,它要典型化,要夸张,哪能当真呢。生活现实终究是生活现实!

明人顾元庆《夷白斋诗话》里有这样一段话:

唐罗邺诗云:"人间若算无荣辱,却是扁舟一钓翁。"顷见王仲深诗云:"青山无处避征徭,十载书囊到处挑。欲买钓船湖上隐,近来渔课又难饶。"由此观之,我朝之钓翁,不及唐远甚矣。唐之渔翁,可置荣辱于度外。今之钓翁,则为多事人矣。

顾元庆错了，他把诗歌创作当成了社会调查报告。罗邺和王仲深生活的时代会有差别。但是唐朝的渔翁绝不是那样逍遥自在，无忧无虑。这不过是罗邺从表象得出的揣度的结论。对渔家生活的看法，还是范仲淹写得全面："江上往来人，但爱鲈鱼美。君看一叶舟，出没风波里。"（《江上渔者》）他把吃鱼的和打鱼的两方面的不同心情和生活都写出来了。出没风波里是有生命之虞的，哪能"置荣辱于度外"呢？明以前的渔翁不会比明朝的渔翁生活更好。不过是作者各自从不同角度、不同的感受、抱着不同的目的写出了同一个渔翁而已。

古代诗人和酒结下了不解之缘，有酒当有诗，诗当靠酒助，有了酒往往就有了灵感。所以诗歌中就有不少提到酒价的。《中山诗话》里就有宋真宗和近臣关于唐酒价的一段谈话：

> 真宗问近臣："唐酒价几何？"莫能对。丁晋公独曰："斗直三百。"上问何以知之，曰："臣观杜甫诗：'速宜相就饮一斗，恰有三百青铜钱。'"亦一时之善对。

大家认为丁晋公善于对答，思维敏捷。丁谓确实有点幽默感。他并不一定认为唐朝酒价真正是一斗三百青铜钱。可是后来还真有认真的，居然从诗歌中研究起酒价来。

元朝的盛如梓就很典型。他在《庶斋老学丛谈》里就认为从杜甫诗里可以知道唐时三百钱能买一斗酒，从王安石

"百钱可得酒斗许"诗句里知道宋时酒价,因之得出结论:"(宋)元丰酒价比(唐)天宝仅三分之一,其乐何如。"宋酒便宜得多。盛如梓把诗歌当作经济论文了。

其实,在此之前,早有人反对过把诗歌当《食货志》的观点了。宋人周必大就说过:

> 昔人应急,谓唐之酒价,每斗三百,引杜诗"速宜相就饮一斗,恰有三百青铜钱"为证。然白乐天为河南尹《自劝》绝句云:"忆昔羁贫应举年,脱衣典酒曲江边。十千一斗犹赊饮,何况官供不著钱。"又古诗亦有:"金樽美酒斗十千。"大抵诗人一时用事,未必实价也。(《二老堂诗话》)

周必大的意见是对的。他指出了白居易"十千一斗"是有来历的,反证杜甫斗酒三百的说法可能也有来历。他们都是借古人故实,并非当时真正酒价。

宋人王楙和郭次象还讨论过这个问题(见《野客丛谈》)。郭次象引用了杜诗,又引用了白居易另外的两句诗:"共把十千沽一斗,相看七十欠三年。"认为刘禹锡、白居易时代"酒价何太不廉哉!"郭次象把诗看成酒的价格表了。王楙不同意他看法。他说:"十千一斗,乃诗人寓言,此曹子建乐府中语耳,唐人引此甚多。"他列举了"金樽美酒斗十千"(李白)、"新丰美酒斗十千"(王维)、"与沽一斗酒,恰用十千钱"(崔国辅)、"十千沽酒留君醉"(许诨)、"十千斗酒不知贵"（权德舆）、"若得奉君欢，十千沽一斗"（陆龟蒙）。这类例子很多，而只有杜甫说一斗三百钱。于是后人就认定了唐时酒价。他认为诗人之言可能是临时的价钱顺口而出。他比周必大考证得详细。《唐书·食货志》记载德宗建中三年，不让民间酿酒，官家酿酒专利经营所得充作军费。一斛酒卖三千钱，一斗就是三百。又引证典籍说北齐时长安酒便宜，一斗三百钱。王楙认为杜甫的根据有可能是从这里来的。

关于为什么杜甫喝的酒价低，同时代人喝的酒价高，除了双方都有过去的诗歌典籍所本之外，有人还开玩笑说，李白喝的都是好酒，而杜甫是不选择的，喝的是次酒"压茅柴"（《坚瓠补集》）。有人同意这说法，"此虽戏言，却亦近理"（《胜饮篇》）。大概是认为杜甫一生穷困的时候多，喝不起好酒吧。

王楙和周必大的意见是基本一致的。对文学作品的数字不可认真看待，多半是借用古人现成套语。

王楙还顺便谈到了汉末酒价是斗酒一千。清人俞樾在《茶香室丛钞》里又考证出汉桓帝时斗酒二百钱，昭帝时斗酒才四十钱。所以他得出结论："按此可见历朝酒价，大概极贵则一斗千文。极贱则一斗四十。"如说十千一斗，"则词人的夸言，而非事实"。他的理由就是，既然曹丕的《典论》里说了汉灵帝时一斗酒千文钱，为什么曹植又以十千一斗酒为常价呢？同一时期酒价相差十倍。所以俞樾认为千钱一斗是诗人的夸张，而非真的酒价。

文学作品允许夸张,这是一般常识。文学中的数目字更不能胶柱鼓瑟。关于这一点王楙在《野客丛书》中就说过:"文士言数目处,不必拘泥。"像九方皋相马一样,差不多就行了,哪里能拘泥于一尺一寸呢。他又举了杜甫的《新松》诗为例:"何当一百丈,欲盖拥高檐。"认为即令有百丈松,哪里有百丈檐。又如《古柏行》:"黛色参天两千尺。"两千尺就是二百丈,世上恐怕罕有二百丈的柏树。言其极高而已,不能拘泥于尺寸。他看到不少杂记,"深泥此等语,至有以九章算法算之,可笑其愚也"。

明人王夫之在《姜斋诗话》里说得更透彻:

> 必求出处,宋人之陋也。其尤酸迂不通者,既于诗求出处,抑以诗为出处,考证事理。杜诗:"速宜相就沽斗酒,恰有三百青铜钱。"遂据以为唐时酒价。崔国辅诗:"与沽一斗酒,恰用十千钱。"就杜陵沽处贩酒向崔国辅卖,岂不三十倍获息钱耶?求出处者,其可笑类如此。

由杜甫处向崔国辅处贩酒的讽刺是很深刻的,这关系到对文学特征的认识问题。文学体裁中小说的容量最大。恩格斯对巴尔扎克的《人间喜剧》评价就很高,说它"给予了我们一部法国'社会'的卓越的现实主义的历史","甚至在经济的细节上(例如法国大革命后不动产和私有财产的分配),我所学到的东西也比从当时所有专门历史家、经济学家和统计学家的全部著作合编起来所学到的还要多"。但是作为以抒情为主要特征的诗歌来说就很难做到这一点。作为诗圣杜甫的作品向有"诗史"之美誉。即令如此,也不能把他的创作中的数目字作为酒价的参照系。今天大家比较理解这一点,但是对古人来说认识到这一点并不那么容易。艺术的真实和生活的真实的关系到现在也没有完全解决。有些影视作品不是还要在片头上打上"纯系虚构"的字样吗?他们担心的就是触犯了哪个行业,有诽谤之嫌而坐到被告席上去。把文学艺术当作生活实录的还大有人在。

诗人眼中的田家乐

宋人周紫芝在《竹坡诗话》里记载了这样一件故事：

有几个贵人休假，带上歌舞班子到一座寺院大吃大喝，寻欢作乐。酒酣耳热之际就吟诵起李涉的诗句来："因过竹院逢僧话，又得浮生半日闲。"和尚们听后笑了。贵人问他为什么笑，僧人回答："尊官得了半日闲，老僧却忙了三天。"第一天安排帐幕，第二天侍候吃饭，第三天大扫除。

饱汉不知饿汉饥，附庸风雅的贵人们玩了个痛快，得了"半日闲"。因为他们不必准备，给寺僧打个招呼就行了。但是可苦了寺僧，要让贵人满意不知要花多少精力。如果贵人的"半日闲"多起来，和尚三日忙的差役还得了吗？可以想象，贵人和寺僧对这两句诗的理解是绝对不会相同的。

明人张和仲在《千百年眼》里记载，唐文宗曾作过两句诗："人皆苦炎热，我爱夏日长。"柳公权续曰："薰风自南来，殿阁生微凉。"后人就批评柳公权随声附和，而不能因诗讽谏。鉴于此，苏轼又续了几句："一为移所居，苦乐永相忘。愿言均此施，清阴分四方。"这样一来，就有提醒皇帝环球同此凉热的意思了。张和仲认为苏轼是画蛇添足。他认为柳公权那两句已经是旁敲侧击了。他说:"盖薰风之来,唯殿阁穆清高爽之地。始知其凉,而征夫耕叟方奔驰作劳,低垂喘汗于黄尘赤日之中,虽有此风,安知所谓凉哉!"张和仲意思是说柳公权是婉言讽喻。薰风只能使居于殿阁的人感到凉爽,对在黄尘赤日下的征夫农夫根本没作用,不会感到它的凉意。所以然者何,地位不同也。如此微言大义的解释总显勉强。

文宗的诗确实反映了他根本不了解民间疾苦。《水浒传》里白胜唱的是"夏日炎炎似火烧,田中禾苗半枯焦。农夫心里如汤煮,王孙公子把扇摇"。李绅写的是"锄禾日当午,汗滴禾下土"。与文宗的"我爱夏日长"的体会何至天渊之别。

古代知识分子得意时就要兼善天下,倒霉时就独善其身。做地方官就作些劝农诗,写些为农民不平的诗。但终究也不过是站在同情的立场上,说几句公道话,做几句反躬自责的检讨。在感情上始终有些隔靴搔痒。

这些人一旦贬官流放了,罢官归里了,仕途坎坷了,于是才出现了"朱门酒肉臭,路有冻死骨""昨日入城市,归来泪满巾。满身罗绮者,不是养蚕人"一类的好诗。但这些终究罕见,知道盘中餐粒粒皆辛苦的也不多。大多是作起隐逸诗、田园诗来。山林隐逸诗往往只看到和尚、隐士与世无争的恬淡,以对照蝇营狗苟的官场,做些在位糊涂下野清醒的反思。写田园诗多半是只见田家乐,只见田家桃花源式的纯朴人情和和平的生活。这里是小国寡民的世界，日出而作，日入而息，童子横卧牛背，老者醉卧道房，桑麻好收成，稻香话丰年。只有秋收冬藏的乐趣，没有春种夏耘的辛苦。在这里他们也发现了农村的人情美、人伦美，对官场的尔虞我诈又进行了反思。这是人性良知的回归。

《鹤林玉露》和《升庵诗话》里都载有谢良斋的一首《劝农》诗，他眼中的农民是什么样子呢？诗为四言：

> 仕宦之身，南州北县。
> 商贾之人，天涯海岸。
> 争如农夫，六亲对面。
> 门无官府，身即强健。
> 夏绢新衣，秋米白饭。
> 不知金贵，惟闻粟贱。
> 鹅鸭成群，猪羊满圈。
> 官税早了，逍遥散诞。
> 安眠稳睡，直千直万。

他拿官、商与农夫做了对比，农夫幸福极了。这幸福怎么来的，他没说，也没这个体会，他不知道"锄禾日当午，汗滴禾下土"的滋味。且看这位"农夫"，身着绢衣，食的上等米饭，家里鹅鸭成群，猪羊满圈。农民乎？小地主乎？显然是后者。

陶渊明应该是最有名的田园诗人。他那"采菊东篱下，悠然见南山"的诗句,千古流传,确实写得好。但说句唐突诗人的话:他终究是在那里采菊,是一种闲情逸致。如果是食不果腹的农家,在那里为嗷嗷待哺的孩子挖野菜,恐怕就"悠然"不起来了,南山也就难有诗意了。孟浩然的《过故人山庄》写道:

> 故人具鸡黍,邀我至田家。
> 绿树村边合,青山郭外斜。
> 开轩面场圃,把酒话桑麻。
> 待到重阳日,还来就菊花。

这是有名的田园诗,农村景色,故人情谊写得都很美。但这不是真正的农夫,重阳赏菊非贫苦农民的雅兴。这里的"故人"应当是一位颇为富足的劳心者。连陶渊明都在那里唱"桑麻日已长,我土日已广",储光羲的愿望表现得更彻底:"既念生子孙,方思广田圃",都做着"田家"发迹的梦,脱离了"田家"跃上另一个阶层去。

中国古代有些诗人确实接触到了农村,甚至躬耕田圃,目睹了农民的苦难,体验到了稼穑的艰辛。然而感情上却还没完全进入农民的世界。因此,中国古代的田园诗大多是诗人眼中美化了的农村,或者是富足者的田家。

"夜半钟声"的论争

> 月落乌啼霜满天，江枫渔火对愁眠。
> 姑苏城外寒山寺，夜半钟声到客船。

这是唐诗人张继脍炙人口的名篇《枫桥夜泊》。景美情浓，一诗传古今，寒山寺、枫桥名传遐迩，至今中外游人还要在那里过夜，聆听寒山寺夜半钟声，怀想悠悠的过去，发思古之幽情。

这么一首好诗。却遭到了宋代大词人、散文家欧阳修在《六一诗话》里的批评。他说一些人为了贪求好句，往往不合情理。其中就提到了"姑苏城外寒山寺，夜半钟声到客船"两句诗。他讥讽说："句则佳矣，其如三更不是打钟时。"句子写得很美，可惜三更天不是打钟的时候。他这一句，招来了后人不少批评议论。

宋人陈正敏在《遁斋闲览》里以其亲身经历驳斥了欧阳修的批评。他说自己曾路过苏州，住在一所寺院里，夜半听到钟声，问寺僧是怎么回事，寺僧都说这是分夜钟，有什奇怪的；而且别的寺院也是一样。证明了姑苏确实有半夜钟。

宋人陈岩肖在《庚溪诗话》里也提到欧阳修批评张继诗事，而后说："然余昔官姑苏，每三鼓尽四鼓初，即诸寺钟皆鸣，想自唐时已然也。"既然"诸寺钟皆鸣"，当然也包括寒山寺，证明张继诗中所写是有根据的。

宋人王楙在《野客丛书》中提到唐许浑有诗句"日照千山半夜钟"，许浑居朱方（今江苏镇江一带），诗是为当地华严寺而作，正在吴中。所以证明吴中一带寺院是半夜打钟的，不仅仅是姑苏一地。但是并不是每处都如此。金陵就不同。宋《江邻几杂志》记载：

南唐一诗僧（按：一说即诗僧贯休）赋《中秋月》诗云"此夜一轮满"，至来秋方得下句云"清光何处无"。喜跃，半夜起撞寺钟，城人尽惊。李后主擒而讯之，具道其事，得释。

既然半夜钟鸣，"城人尽惊"，而且李后主（一说李昪，见《江南野录》）还要把他抓起来审问，可见当时金陵寺院的和尚半夜是不撞钟的。

宋人龚明之说："昔人谓钟声无半夜者，《诗话》尝辨之，云姑苏寺钟多鸣于半夜，予以其说为未尽，姑苏钟惟承天寺至夜半则鸣，其他皆五更钟也。"（《中吴纪闻》）他的意见是姑苏半夜钟只是承天寺如此，其他都是天快亮时的五更钟。言下之意张继提到的夜半钟声可能是承天寺的，而不是寒山寺的。他讲的是宋时的情况，唐时寒山寺有无半夜钟就不好肯定说无。

由以上几人的意见，可以证明苏州是有半夜钟的，吴中一带也有这一习惯，但倒不一定每处每寺每个时代都有。

另外，宋人王直方、陈岩肖、吴曾、王楙及元人吴师道都找了大量例证，说明唐人诗句中"半夜钟"屡屡出现。"月落长安半夜钟"（李洞），"应听缑山半夜钟（于鹄），"杳杳钟声发，中霄独听时"（司空曙），"未卧尝闻半夜钟"（王建），"半夜钟声后"（白居易），"无复松窗半夜钟"（温庭筠），"隔水悠扬午夜钟"（陈羽），"夜半隔山钟"（皇甫冉）。这些诗句都是诗人在不同的地方写的，证明除了吴中姑苏一带，其他地方也有夜半钟。

那么，夜半钟声起于何时呢？《南史》中就记载了南齐丘仲季很爱读书，常常以半夜钟为时限。可见半夜钟在唐之前就有了。

那么，夜半钟是不是只限于寺院呢？也不是。《唐六典》记载：每到更点就击钟，太史门专门有二十八个人掌管更漏击钟的事。说明官府也在夜里击钟报时。

欧阳修一句话，引起了一场大争论，大家讨论考证的津津有味，但是也有人大泼冷水，认为大可不必。《全唐诗话续编》引用胡元瑞的话说："'夜半钟声到客船'，谈者纷纷，皆为昔人愚弄。诗流借景立言，惟在声律之调，兴象之合，区区事实，彼岂暇计？无论夜半是非，钟声闻否未可知。"欧阳修对张继的批评，后人对欧阳修的批评，都让他一笔否定了。后来的评论者都让前人愚弄了。诗歌借景抒情，重在音律和谐，情景统一，至于具体小事，哪里顾得那么多。是不是夜半打钟，听到钟声与否，天知道。

　　清人马位同意前人对欧阳修的批评。然后说："如子瞻'应记奴家旧姓西'，夷光姓施，岂非误用乎？终不失为好。"（《秋窗随笔》）他以苏轼的诗来证明诗歌创作不一定拘泥于绝对的真实（但有人考证"姓"当为"住"，见《历代诗话考索》）。

　　清人何文焕在介绍了欧阳修对《枫桥夜泊》的批评之后也说："……何必拘，况不以文害辞，不以辞害志，孟子早有明训，何容词费！"（《历代诗话考索》）也认为只要有利于文辞诗意的表达，事实如何不必拘泥。

　　以上三人的意见有一定道理，文学创作不是科学论文，不是传记。诗歌以抒发情意为主，可夸张，可虚构，不必锱铢必较、追求细枝末节是否符合事实。但是，如果诗歌的内容太切近实际，地点姓名等太具体，那么，夸张虚构就要受一定的限制。苏轼点名道姓写的是西施，而无端让她改姓，就不恰当。张继《枫桥夜泊》写的地点很具体：苏州城外寒山寺、枫桥，限制的地域范围很小，那么，写景就要与姑苏实情基本相符。因之"夜半钟声"必须是实闻，并非无关紧要。杜牧的"江南四百八十寺，多少楼台烟雨中"夸张是可以的，因为"江南"地域很大，有四百八十寺可信。如果说"姑苏四百八十寺"就让人难于理解。宋人曾季狸在《艇斋诗话》里谈道："韩子苍《泛汴》云：'汴水日驰三百里。'末章却云：'水色天光共蔚蓝。'汴水黄浊，安得蔚蓝也？"汴水上游出自黄河，自然黄浊，所以曾季狸就提出了批评。这也是因写得太具体让人一看就觉得不真实。

从这一点看，胡元瑞三人的意见也有失于偏颇之处。

欧阳修是一个大学问家。即令如此，如果没有亲身体验，只凭情理推断也会犯错误。宋人叶梦得就指出："盖公（欧阳修）未尝至吴中，今吴中山寺，实以夜半打钟。"（《石林诗话》）所以下断语要谨慎。再者，既然张继用了"夜半钟声"，就有可能是实闻，也可能是借用前人语。欧阳修就应当考察一下，不能只凭记忆妄下结论。结果让后人在唐诗中找出那么多"夜半钟"来，而且不止姑苏一地有，全国好些地方都在打夜半钟，唐以前早就有了夜半钟声，同时不止寺院打，官家也打。夜半钟声如此热闹，欧阳修居然充耳不闻，未曾发现，让人打了嘴巴，这是一个深刻的教训：评论需要广博的知识和慎重的态度。

辑十 诗歌的是是非非

"女人祸水"的官司

封建社会,男人总要让一些受凌辱的女性背上沉重的十字架,代人受过,承担着祸乱国家的罪名。帝王是圣明的,都是受了女人的蛊惑而国破家亡,丢了社稷,不爱江山爱美人的君王们让女人拉下水,同归于尽,好皇帝变成了昏君,于是那些被当作玩物的后妃,就成了关心帝业成败的卫道者攻击的靶子。

拿西施来说,如果站在吴国灭亡的立场上看,无疑是女人祸水、糖衣炮弹,一弹将夫差打中而吴亡。就连李白在《西施》一诗中也说:"一破夫差国,千秋竟不还。"但是如果站在越国立场上看,西施作为美人计武器不是立了头功吗?所以郑毅夫有诗说:"千重越甲夜城围,战罢君王醉不知。若论破吴功第一,黄金只合铸西施。"西施是可怜的,做了政治斗争的工具,还要落下女人祸水的罪名。吴国开始灭了越,越王勾践卧薪尝胆,十年生聚,十年教训,最后报了仇,人们是同情越国的,可是唯独放不过有功的西施,因为她是女人。

在中国古典诗歌中不少人作过文章,客观评论者有之,女人祸水论者有之,但也不乏有识之士。罗隐就很同情西施,他的《西施》诗是这样说的:

家国兴亡自有时,时人何苦咎西施。
西施若解亡吴国,越国亡来又是谁?

他确有见地。认为国家兴亡自有"时"。这个"时"可以说是规律定数。但总之是不可抗拒的,自有其内在的必然,所以人们不应该归罪于西施。如果说因西施而吴亡,那么开始越国被吴灭亡以及后来的越国灭亡又是因为谁呢?越国并没有中什么美人计。后两句是来证明第一句的。这首诗是历史唯物主义的。

王安石对历史问题的看法,时有警语,他也对西施问题提出了自己的见解:

谋臣本自系安危,贱妾何能作祸基。
但愿君王诛宰嚭,不愁宫里有西施。

为西施解脱,斥责那些谋臣男人们,国家安危应由他们负责,言外之意,你们却把责任推到了一个女人身上。事情都坏在奸佞身上,如果早早除掉宰嚭,哪里会有吴的灭亡呢?即使宫里有西施这样的美女也不必担忧。明人张和仲在《千百年眼》中的一段话,可以做王安石诗的注脚:"昔人谓声色迷人，以为破国亡家，无不由此。夫齐国有不嫁之姊妹，仲父云：'无害霸'；蜀宫无倾国之美人，刘禅竟为俘虏。亡国之罪，岂独在色？向使库有湛卢之藏，潮无鸱夷之恨，越虽进百西施，何益哉？"

王安石的看法，遭到了稍后的罗大经的攻击，他是一个女色亡国论者，在《鹤林玉露》里说："女宠蛊君心，而后憸壬阶之以进，依之以安。……而谓'不愁宫里有西施'，何哉？"按他的意思，是说有了女人才有了奸臣贼子，他们都是西施提携上来并做了他们安身之命的庇护所。这是狡辩，是不符合实际的因果倒置，是风马牛不相及的形式逻辑。

对西施这位命运悲惨的女子的下场有不同的说法，其一就是吴亡后又让范蠡带走了。虽然她完成了任务，跟范蠡离开了越国，然而舆论仍没放过她。罗大经在《鹤林玉露》中又说：

> 蠡非悦其色也，盖惧其复以蛊吴者而蛊越，则越不可保矣。于是挟之以行，以绝越之祸基。是蠡虽去越，未尝忘越也。

所以后来的明诗人高启就说："载去西施岂无意，恐留倾国误君王。"看，西施简直成了瘟疫、麻风病患者，谁沾边谁灭亡。西施是一件玩物，不能掌握自己的命运已经够可怜的了，卫道者们还要大泼污水，恨不得一刀处死，绝此后患。在罗大经、高启心中，范蠡这样的英雄是不可能爱美色的，带走西施必有深意。历史上说范蠡是为避祸而离去的，他看到功成名就后的危险处境，越王勾践是一个可以共患难，不可以共安乐的人，因之决定退隐江湖，立身保命。然而文士们又给他戴上光彩夺目的花环：自己走了也没忘了把祸水带走，这样越国就安全了，真是一个大忠臣！然而，历史无情，越国后来还是亡于秦。正如罗隐问的"越国亡来又是谁？"唐朝人提前打了宋朝人一记耳光。

杨贵妃更是女人祸水的典型。安史之乱发生时，罪名就背上了，因之马嵬驿赐死。一千多年来，人们一方面把她和唐玄宗的爱情作为佳话流传。一方面又在声讨她的祸国。然而就是在唐朝，对于女人祸国论，也有不同意见，狄归昌（一说罗隐作）就提出了质疑。他作了一首诗为杨贵妃鸣冤：

马嵬烟柳正依依，重见銮舆幸蜀归。
泉下阿蛮应有语，这回休更罪杨妃。

话说得很直率，与评西施同义。马嵬驿的杨柳已经长得很高大了，这一次又看到了皇帝的銮舆从四川回来了。这是指的880年黄巢攻陷长安后，唐熹宗逃亡到四川，后来又回到长安的事。杨贵妃九泉之下说了，这一回不能再怪罪我了吧？言下之意，上一次唐玄宗仓皇去蜀也不应该把罪过推到杨贵妃身上。唐的衰亡是另有原因的。晚唐的徐寅也有一首为杨贵妃翻案的诗："二百年来事远闻，从龙唯解尽如云。张均兄弟皆何在？却是杨妃死报君。"

对王昭君这位远嫁塞外，和亲安邦的女人，过去人们大多是同情歌颂的。但也有把他归入女人祸水之列的，明成化时江阴一个士子就写过这么一首诗：

> 骊山举火因褒姒，蜀道蒙尘为太真。
> 能使明妃嫁胡虏，画工应是汉忠臣。

他把王昭君比作在封建社会视为女人祸水的典型褒姒、杨贵妃。所以他认为毛延寿这位画工把王昭君丑化了是好事，免得她也像褒、杨一样蛊惑君王，亡国破家。《唐文粹》里还有一篇代毛延寿辩解的文章，以毛延寿的口气自我辩护。大意为美女乱国，嫁胡使乱之，"将静我乱彼"。他们把王昭君是看作糖衣炮弹打出去的，是看作祸水泼出去的，自然毛延寿应当翻案。

封建社会女人很少有过问政治的权利。她们有时也有一两声呐喊和埋怨，据传五代孟昶的花蕊夫人曾写过："君王城上竖降旗，妾在深宫那得知？十四万人齐解甲，宁无一个是男儿。"骂得痛快，你们男子汉大丈夫投降了，不要说找我们商量，连通知都不通知我们。平时十万甲兵耀武扬威，一遇战争，投降解甲，哪里有一点男人气概。可是这些竖降旗的君王和十几万貔貅一旦追查起国破家亡的原因来，首先是向后宫开刀，拉出一位美人做替罪羊。平时女人无发言权，出了事又找女人算账。封建社会的历史好些地方就这样蒙上了一层掩盖真相的尘沙。

诗人笔下的王昭君

王昭君，汉元帝时被召入宫。匈奴呼韩邪单于要求和亲，王昭君自愿前往。于是一个湖北秭归的南方女子深入沙漠，度过了一生。死后葬于塞外。她去荒漠和亲，对于汉朝和匈奴的和好起到了一定作用。另外一种说法是元帝画师画宫女像，以图召见。为了得到皇帝的宠幸，别人都贿赂画师毛延寿美化自己。独有王昭君自恃美貌不行贿赂。结果毛延寿就丑化了她，不得入侍元帝。等到被派去和亲时，元帝才第一次看到了她，并为她的天生丽质所震惊。但慑于匈奴的气焰，也不好失信，只得割爱将她送去。一腔怨恨都发泄在毛延寿身上，就把他杀了。

王昭君的远嫁是一种政治行为，加之有如此传奇色彩，这便给后人议论评说提供了素材。因之诗文评论，戏曲演唱长盛不衰。

不论王昭君是自愿去的，还是被选送去的，都不是完全出于内心。即令是自愿去的，也是因为在宫内受尽了冷落，葬送了青春，所以才狠下一条心，与其幽囚宫院埋葬年华，青丝熬成白发，宁可远嫁异域碰碰运气，希冀得宠。这也是无可奈何的选择。如果能像杨贵妃那样"三千宠爱在一身"，她也不会请缨去塞外。

由于王昭君的行动胜过了文臣武将，男人的世界也不好再贬女人。法国作家莫泊桑的《羊脂球》中的妓女羊脂球在无耻的贵人们诱劝下，为了他（她）们的安全而牺牲了自己——跟普鲁士军官陪夜。事后，这帮有钱人反而百般鄙视她，因为她跟敌人睡了觉，这样以显示自己的贞节爱国。王昭君的使命从实质上说是和羊脂球一样的。她却受到了普遍赞扬和同情。虽然用的也是"美人计"，然而"糖衣炮弹"打的是域外人，是为了君王社稷舍身的，也就可以原谅了。

李白、杜甫、白居易等大诗人都以悲天悯人的笔写了王昭君。李白有两首《王昭君》：

其一

汉家秦地月，流影照明妃。
一上玉关道，天涯去不归。
汉月还从东海出，明妃西嫁无来日。
燕支长寒雪作花，娥眉憔悴没胡沙。
生乏黄金枉图画，死留青冢使人嗟。

其二

昭君拂玉鞍，上马啼红颊。
今日汉宫人，明朝胡地妾。

杜甫到过明妃村，在《咏怀古迹》五首中的第三首《云雨荒台》写道：

群山万壑赴荆门，生长明妃尚有村。
一去紫台连朔漠，独留青冢向黄昏。
画图省识春风面，环珮空归月夜魂。
千载琵琶作胡语，分明怨恨曲中论。

李杜都表示了对昭君远嫁的同情。他们诗中王昭君的形象是凄楚哀怨的，走时"啼红颜"，死后月夜魂归故里，琵琶声中充满了怨恨。

白居易在《过昭君村》中谈到了王昭君远嫁后给后人带来的恐惧。说"至今村女面，烧灼成瘢痕"。王昭君正是因为长得太漂亮才有此厄运，有鉴于此，昭君村的女孩子都毁容而逃避选宫女。王昭君因让毛延寿点破了玉容而不得亲近君王，成终生遗憾。而今村上女子却主动把脸烧成麻子，这是何等深刻的教训，反映了当地人对王昭君的极大同情，在他们看来王昭君是跳了火坑。诗人也认为王昭君的命运是极其悲惨的。白居易还有两首《王昭君》。

其二

汉使却回凭寄语，黄金何日赎蛾眉？
君王若问妾颜色，莫道不如宫里时。

这首诗完全用王昭君自己的口吻来写，虽然自己已经不是旧日模样了（"莫道不如宫里时"，就说明已经不如宫里时），但是还嘱咐汉使不要说实话。希望用黄金把她赎回去。这首诗很得后人欣赏，"前辈以为高出众作之上，亦谓其有恋恋不忘君之意也"（《鹤林玉露》）。即令天子把你当玩物送了人，也只可君负我，我不可负君，不能有任何怨君之心，背君之意，怨而不怒，这就忠恕到家了。这首诗里的王昭君对皇帝感情何等深厚！胡地的日子是多么难耐啊！这是白居易以己心度人心的揣度。果真如此吗？

王昭君是赌气出走的，起码走的时候是自愿的。在离开汉宫前，连元帝一次都没见过，更未成为真正的夫妇，何情之有？以至于"恋恋不忘君"？如果是硬被选派去的，恨之尚不足解心头之怨，更何谈"恋恋"！王昭君的行动应当说是有胆有识的，是对宫廷冷落生活的抗争。宁愿不得宠爱，也不屈从贿赂，宁愿远走荒漠，也不愿空耗青春。王昭君的形象是刚直的。但是文人墨客总要把她软化，让她成为一个符合礼教要求的淑女，这才合乎温柔敦厚之道。

自王昭君之后，明妃曲、明妃怨之类不知写了多少。王昭君大多是一个哭哭啼啼的形象，身在曹营心在汉，整天愁眉苦脸。

王安石在王昭君问题上，独具只眼。他在一首《明妃曲》里开头就说："意态由来画不成，当时枉杀毛延寿。"立言不同凡响，连毛延寿都翻案了，另外也像白居易一样模仿王昭君的口吻说：

家人万里传消息，
好在毡城莫相忆。
君不见咫尺长门闭阿娇，
人生失意无南北。

到底和白居易不同，他不让王昭君通过汉使向天子传递思念之情，而给自己的亲属传去信息，我在这里很好，不要挂念。你没看到吗？汉武帝的皇后失宠后被打入冷宫，即令在汉宫又有什么好，跟我现在有什么区别。这大概更符合王昭君的思想实际，正是看透了宫里伴君如伴虎的女人的命运结局，才决定远嫁，追求另一种生活的吧？！

王安石在另一首《明妃曲》中对王昭君的内心活动进行了更深入的剖析，他写出了这样大胆的诗句：

汉恩自浅胡自深，人生乐在相知心。

这话道出了实情。汉朝把她当作和亲的工具献给了匈奴，是寡恩的。她在匈奴却受到了宠爱，因之恩深恩浅之论不言自明。王昭君很满意新的生活，这是有爱情的生活，对一个年轻女子来说追求爱情是很自然的。所以"人生乐在相知心"。塞北的生活自然不如长安，可是精神的需要却得到了补偿。

王安石敢道别人之想道而不敢道。王昭君作为汉妃怎么可能跟匈奴王成为美好伴侣呢?！怎么会喜欢异国之君而忘了原来的汉君呢?！简直不可理解。于是宋人罗大经就大骂王安石："悖理伤道甚矣!"攻讦他的诗：难道因为汉元帝和王昭君"不相知"，臣就可以叛君吗？妻子就可以抛弃丈夫吗？(《鹤林玉露》)这真是黑白颠倒，只准官家放火，不许百姓点灯的强盗逻辑。把王昭君推出宫门，还要让她高呼万岁，皇帝老子拿自己的妻子随便送人讨好人家，不知羞耻为何物，反倒说妻子抛弃了丈夫。砍得人头落地，还要强迫人家称赞好快刀。还有什么道理好讲!

　　罗大经一类人不管怎么维护王昭君的忠君形象，但是对她自愿嫁单于一事却只字不提，因为他们无法弥合这个矛盾，不好使其说自圆。倒是王安石的看法更接近于真理。

《大风歌》的争论

刘邦是位很有作为的封建皇帝，在封建社会历来为人歌颂。元朝散曲作家睢景臣却不随波逐流，其套曲《高祖还乡》揭露了皇帝老子的老底。通过一个乡民——了解他底细的人的眼睛，翻了刘邦没发迹时候的老账，现出了真龙天子的无赖相，在那副庄严的面孔上点了一个白鼻子，拿腔作势的皇帝顿时成了一个酗酒赖账的流氓，睢景臣可谓独具只眼。

但是在睢景臣之前，有的作家已经先开一刀了。沛县是刘邦的故里，当地建了高祖庙和歌风台。题诗的人自然很多，都想发点思古之幽情，大多是歌功颂德。《石林诗话》里记载的张文定却见解独到。他写了一首《高庙诗》，与睢景臣的作品异曲同工，不过因为是七言诗，内容含量较少而已，诗也是揭老底：

纵酒疏狂不治生，中阳有土不归耕。
偶因乱世成功业，更加翁前与仲争。

一首《歌风台》就进一步揭露了刘邦的虚伪：

落魄刘郎作帝归，樽前感慨大风诗。
淮阴反接英彭族，更欲多求猛士为？

"落魄刘郎作帝归"就是睢景臣后来的《高祖还乡》的缩写。刘邦宴请乡亲父老时，作过《大风歌》："大风起兮云飞扬，威加海内兮归故乡，安得猛士兮守四方！"由这首歌看，刘邦是求贤若渴的。但是在此之前，开国功臣韩信、英布、彭越却一个个都被杀了。早知今有《大风歌》，何必当初杀功臣，现在还求什么猛士？是真的希望得到猛士吗？猛士谁还敢来呢？这首诗戳穿了刘邦的自相矛盾和求猛士的虚伪。对于这一点《石林诗话》的作者宋人叶梦得就很欣赏作者的不凡。

同时人黄彻对这一问题的看法和叶梦得不同。他认为在刘邦唱《大风歌》的前一年曾下诏书说："贤士大夫我能尊显之。"在《大风歌》的同一年又下诏说："与天下之豪士贤大夫同安辑之。"这是布告天下的诏书，以笔代言，自然慎重，这才是真正的心里话。至于《大风歌》也不过是洒酣耳热之际，感情激动时的"歌"。言下之意，一时感情抒发，不能像诏书那样认真看待。不能把抒情的文艺作品和政策大计等同起来。总之黄彻认为刘邦求贤是真心，由诏书可证。作歌时，忘乎所以，只顾得唱"安得猛士兮守四方"了，而忘了避忌杀猛士的事实，情有可原。从勇于唱反调蔑视权威看，张文定大胆。从对文艺和政治的不同文体的理解看，黄彻高明。

"翻案"诗

过去有一种诗是专门跟人"抬扛"的。人家那样写,他就这样写,反其意而作。可谓翻案诗。

话本《碾玉观音》一开头对于春天是怎样归去的,引用了很多诗词,总是后一首否定前一首的意见,经作者一编排,煞有介事地像一场争论。实际上就是广义的翻案:后者推翻前者意见,另立新论。王安石说:

春日春风有时好,春日春风有时恶。
不得春风花不开,花开又被风吹落。

成也萧何,败也萧何。最后春风吹落了春花,自然也就把春天吹走了。所以对春风是怨艾的。他虽如此说,但又很欣赏五代王建的一首宫词:

树头树底觅残红,一片西飞一片东。
自是桃花贪结子,错教人恨五更风。

在他看来春风并没有错，关键是桃花所以零落是因为它贪图结果子。于是把花片遣走了，东飞一片，西飞一片。所以大家怨恨东风把花吹落了是没道理的，冤枉了五更风。王建说的符合科学道理，从内部找了原因。

韩子苍不同意王建的看法，他写了一首翻案诗：

刘郎底事去匆匆，花有深情只暂红。
弱质未应贪结子，细思须恨五更风。

认为桃花（刘郎）是弱质，并不贪恋结子，细想起来还是应当怨恨五更风把桃花吹落了。这首诗从艺术上讲不如王建，且翻得无力，并未翻出什么新境界。

杜甫有诗句："忽忆往时秋井塌，古人白骨生青苔，如何不饮令人哀。"思想有些消极，见井塌而现古人白骨，则发及时行乐的感慨。苏东坡更进了一步，向深处翻了一步："何须更待秋井塌，见人白骨方衔杯。"在没见到井中白骨的时候就应当饮酒行乐，待有所触动感发再饮酒就晚了。他比杜甫消极得更彻底。你老杜看到井塌白骨才觉得人生短暂，我老苏早就悟透了。

这里让我们想起了唐时高僧弘忍两个弟子神秀和慧能的故事。两个弟子各作一偈，以表示对佛教教义的理解。这里的"偈"实际上就是玄言诗。神秀的偈：

身是菩提树，心如明镜台，
时时勤拂拭，勿使惹尘埃。

用菩提树、明镜台比喻身心，要时时修身养性，勿使遭到污染，中了魔障。这是他的悟性悟出的道。

慧能接着作了翻案文章：

菩提本无树，明镜亦非台。
本来无一物，何处惹尘埃。

你神秀说身啊、心啊，用菩提树、明镜台作比喻，总还有个实物在，打扫得再干净也会惹尘埃。慧能可彻底了，不要说身心，连作比喻的菩提树、明镜台都不存在了，更谈不上个人身心了。四大皆空，什么都不存在了，还有什么尘埃可牵惹？尘埃附着的本体没有了，皮之不存，毛将焉附，这是慧能的悟性。

慧能的翻案诗立意是有技巧的。如果顺着神秀的偈作下去，最多是程度的不同，尘埃多少之别，角度不同而已，很难翻彻底。他现在的翻法，一下子就把神秀作偈的前提翻掉了，从根本上否定了。神秀企图通过打比喻来说明保持身心的洁净，说明尘缘未断。慧能用否定身心存在来说明根本不存在洁净不洁净的问题。他才是大彻大悟，所以弘忍的衣钵就交给了他，其实苏轼也是用否定前提的方法来翻杜甫诗的。苏轼还有一个例子。

汉人刘宽"迁南阳太守,典历三郡,温仁多恕。……吏人有过,但用蒲鞭罚之,示辱而已,终不加苦"(《后汉书·刘宽传》)。责打下属,不忍心用皮鞭,而只用蒲鞭走走形式,在封建社会已经难能可贵了。可是苏轼却翻案说:"有鞭不使安用蒲。"根本不用鞭子,连走过场都不要了,还谈什么皮鞭蒲鞭。刘宽无论怎样宽厚总还是用蒲鞭打了。苏东坡却连鞭子都不要了。这么一翻可以看出刘宽的宽厚还是有限度的。

杜甫诗说:"明年此会知谁健,醉把茱萸仔细看。"明年再会的时候,不知道还有几人健在,有点伤感。为了珍惜这次相会的美好时光,醉眼朦胧中把人们头上插的茱萸看了又看,不然明年可能就看不到了。宋人刘浚"翻案"了:"不用茱萸仔细看,管取明年各强健。"思想内容倒是积极乐观了,可是诗味却很差,有点顺口溜味道,毫无品味余地。

隋炀帝开运河,劳民伤财,历史上骂者居多。隋的灭亡也多半与这件事联系起来。可是皮日休就有点不同看法。他在《汴河怀古》中写道:"尽道隋亡为此河,至今千里赖通波。若无水殿龙舟事,共禹论功不较多。"

皮日休能够一分为二看问题。"至今千里赖通波",惠后人以水利之便,不能不说运河之功。中国河流多东西流向,运河却把海河、黄河、淮河、长江、钱塘江五大水系贯通起来,至今受益。所以他大胆地提出可与大禹治水相提并论。可谓有真知灼见。

曲解诗意的联想

古代有些滑稽机敏的人,专爱讥刺别人诗歌,抓住一两句,从一种特别的角度加以曲解,达到诙谐的效果。

《全唐诗话》里有一段文字:

> 国初高英秀者,与赞宁为诗友,辩捷滑稽,尝讥古人诗病云:"山甫《览汉史》:'王莽弄来曾半破,曹公将去便平沉。'是破船诗。李群玉《咏鹧鸪》:'方穿诘曲崎岖路,又听钩辀格磔声。'是梵语诗。罗隐曰:'云中鸡犬刘安过,月里笙歌炀帝归。'是见鬼诗。杜荀鹤:'今日偶题题似著,不知题后更谁题。'此卫子诗也,不然安有四蹄。"

《览汉史》这两句诗本来说的是王莽篡汉使汉衰颓,曹操把汉朝搞得倾覆。用了破、沉二字,所以高英秀说是"破船诗",倒也有点像,王莽、曹操成了舟子。"诘曲崎岖""钩辀格磔"读起来确实拗口,不看本字只凭耳闻很难听懂,犹如和尚诵经之声,所以谓之"梵语诗"。刘安得道鸡犬升天,鸡鸣犬吠于云天,月里笙歌急管繁弦,是有些鬼气。"题"和"蹄"同音,两句诗中,四用题字,如拗口令,难怪是有四只蹄子的驴子诗。

宋人魏泰《东轩笔录》里写到这样一个故事:程师孟在洪州做官,在官衙里建了一座"静堂"。他非常喜欢这个地方,没有一天不去的。于是就写了一首诗在石上,有句云:

每日更忙须一到,夜深长是点灯来。

什么地方在人的生活中如此重要呢?每天再忙也要来,深夜哪怕点着灯也要来。这很容易让人联想到厕所,水火事是等不得少不得的。果然,当时人李元规就说:"此无乃是登溷之诗乎?"

孟浩然的诗"春眠不觉晓,处处闻啼鸟。夜来风雨声,花落知多少?"有人说这是盲人诗。"春眠不觉晓"是看不见。只闻鸟啼和风声,还是看不见。既然是盲人,当然不知道有多少落花了。(见《吹剑录》)

《两般秋雨盦随笔》说有人有咏梅花句:

三尺短墙微有月,一湾流水寂无人。

这大概写的是梅花的环境气氛。一轻薄子见而笑曰:"此一幅绝妙偷儿行乐图也。"这么一歪解,月夜矮墙,寂静无人,正是鼠窃狗偷者出没的典型环境。

《随园诗话》戏评王安石得意诗句"青山扪虱坐,黄鸟挟书眠"。上句是"乞儿向阳",下句是"村童逃学"。袁枚评的似有道理:背对青山捉虱子,恰似乞丐晒太阳。手拿黄鸟挟着书睡着了,这不就是贪玩逃学的儿童吗?

《六一诗话》里欧阳修记了梅圣俞的一段话:

> 圣俞尝云:"诗句义理虽通,语涉浅俗而可笑者,亦其病也。如有《赠渔父》一联云:'眼前不见市朝事,耳畔惟闻风水声。'说者云:'此渔父肝脏热而肾脏虚也。'又有咏诗者云:'尽日觅不得,有时还自来。'本谓诗之好句难得耳,而说者曰:'此是人家失却猫儿诗。'人皆以为笑也。"

《赠渔父》写渔夫远离市廛,清静无为,与人间尘俗不相往来,怡然自得于大自然之中,自得其乐。那么为什么说成"患肝肾风"的诗呢?中医讲肝风肾亏,则眩晕、耳鸣、痉厥、四肢抽搐。这两句诗从字面看,头一句不是眼花吗?第二句不是耳鸣吗?而且相当严重,这不恰似"肝肾风"的症状吗?"尽日觅不得,有时还自来。"说的是苦吟诗人没有灵感时,一天一天地写不出一句好诗来。有时灵感来了,不假思索即可成篇。道出了诗人创作的切身感受。如果孤立地看这两句,还真有点像"失却猫儿诗"。猫丢失了,主人到处找,一天也不见踪影,完全失望了。想不到突然有一天猫儿又喵喵地抓门叫唤，自己回来了。养猫者多有这种体验。两句诗确实把失猫得猫的一般情况概括了。

　　以上讲的都是笑谈。但是对我们却不无启迪。再次说明作者在作品中所要表现的主观意图和读者领会的客观意义往往并不一致。也就是常说的有多少个读者就有多少个哈姆莱特，有多少个读者就有多少个王熙凤。仁者见仁，智者见智。从诗人的角度考虑，创作就要反复推敲，力求不让读者产生歧义，严肃的诗作不要无意中诱发滑稽的联想，而破坏了诗的和谐美感。

朱元璋抄袭黄巢诗

唐朝农民起义领袖黄巢写过一首诗,叫《不第后赋菊》:

待到秋来八月八,我花开后百花杀。
冲天香阵透长安,满城尽带黄金甲。

黄巢是个有文化的人,这首诗写得相当有气魄。表现了他的理想和战斗精神。一花开后,众花凋谢,香气盈长安而冲天,满城唯我一色,如盔甲之金光闪闪,何等气概!

后来明朝的第一个皇帝朱元璋也写过一首《咏菊》诗:

百花发时我不发。
我若发时都吓杀。
要与西风战一场,
遍身穿就黄金甲。

明眼人一看就知道这是改头换面抄袭模仿黄巢的诗。前面四个短句是把黄巢诗第三句拆开了。黄巢的诗"我花开后百花杀",表现的是不和众花争春,不同光和尘,而是风标独具,卓尔不群。朱元璋诗表现的却是"我若发,都骇杀"以势压人的霸道口气。而且黄巢诗以花作隐喻,耐人寻味。朱元璋诗直露浅显,几乎成了政治口号,诗味不多。看来朱元璋缺少作诗的才气,只好到别人诗中讨生活,结果弄巧成拙。

这么明显的抄袭行为,明朝人是谁见不敢啧声的。因为他是皇帝。反而吹捧说:"一统鸿基,兆于此矣。"(《夷白斋诗话》)明朝能够统一天下,在朱元璋这首诗里早已有了预兆。

这些人有意无意地犯了两点错误:

第一,评论要实事求是,好就是好,坏就是坏,不能看人下菜碟,作品的好坏不能由作者的地位决定。

第二,文艺作品就是文艺作品,不能当成算命占卜的预言,不要神秘化。

古代"追星族"的盲目

盲目崇拜,不分是非美丑,不少人在评论诗歌创作时都有这个毛病。

孟浩然有诗"待到重阳日,还来就菊花"。刻本脱了一个"就"字,有些人想补上,于是用了"醉""赏""泛""对"。后来得到了善本,一查原来是"就","乃知其妙"。然而是不是那么"妙"呢?杨慎在《升庵诗话》里就指出,在汉乐府辛延年《羽林郎》里就有了"就我求清酒,丝绳提玉壶。就我求珍肴,金盘鲙鲤鱼"。看来发明权并非孟浩然。

欧阳修《六一诗话》中记载:

> 陈公(从易)时偶得杜集旧本,文多脱误。至《送蔡都尉》诗云"身轻一鸟",其下脱一字。陈公因与数客各用一字补之。或云"疾",或云"落",或云"起",或云"下",莫能定。其后得一善本,乃是"身轻一鸟过"。陈公叹服,以为虽一字,诸君亦不能到也。

苏轼就此事还作了诗："如观李杜飞鸟句，脱字欲补知无缘。"

"诗圣"杜甫自然高于常人，不然何以"圣"为？但"诗圣"也要在古文献里讨生活。宋人吴幵《优古堂诗话》里就指出西晋文学家张协有诗"人生瀛海内，忽如鸟过目"。杜甫还有"余生如过鸟""愁窥高鸟过"的诗句。杜甫是非常推崇《文选》的，以"熟精文选理"而自居，而张协的诗正是收在《文选》里的，杜甫应该是读过的。认为"过"字用得好，于是一而再，再而三"鸟过"、"过鸟"。"诗圣"名不虚传，但不一定字字都圣，更不应强迫他占有别人的"专利"和"发明权"。

《坚瓠集》里还有这样一个故事。有人把杜甫的"林花著雨胭脂湿"这句诗题写壁上，"湿"字让蜗牛涎水蚀掉了。苏轼、黄庭坚、秦观、佛印都记不得原诗了。于是苏补了一个"润"，黄补了一个"老"，秦补了一个"嫩"，佛印补了一个"落"。一查书，才知道是"湿"字。大家认为"湿字出于自然"。四个人补的到底好不好？"湿"字是不是就比润、老、嫩、落好？姑且不论。后来杜诗的本子，有的用的就是"林花著雨胭指落"，说明可能认为"落"比"湿"强，并非只有"湿"字最当。"润"和"落"也不能说不自然。"老"和"嫩"有些雕琢之痕倒是真的。总之，因为是杜甫写的，所以就"自然"了，晚生小辈补的岂敢言"自然"。

当然，大手笔驾驭文字的能力更强，是不言而喻的。但也不要因为是名人，就先入为主，字字珠玉，一无瑕疵，前无古人,后无来者。

另外,还有的人,不但自己在大家面前噤若寒蝉,不敢作诗,还要对别人大加挞伐、讥刺。

夔峡道上,杜甫曾题过一首诗,以"天"字为韵,写在梁柱上,自唐至宋,没有人再敢和的。有一个监司却大胆和了一首。书写在旁边。后来就有人嘲笑他:"想君吟咏挥毫日,四顾无人胆似天。"看到监司的诗"过者无不笑之"(《竹坡诗话》)。

监司的勇气是可敬的,他敢与诗圣和诗,不因名人的光环而却步,这就要胆量。他的诗自然不会被人记载下来,无法与诗圣比较优劣,但是要的就是这种说大人则藐之的精神。题诗讽刺他的人胆小如鼠,让名人权威吓破了胆,既不敢妄评,也不敢妄和。"过者无不笑之",足见世人偏见之深,奴才心理之重。但是,他们忘了一个事实:自李白、杜甫之后,中国并没有因为有了诗仙诗圣,诗歌就为之绝响,诗人为之搁笔。正是因为有了"胆似天"的监司这些人,中国的诗歌才源远流长地发展下来。

更有甚者,连表达对诗人的崇敬颂扬都不能用诗。据传李白是捞月溺水而死。李白墓前题咏就很多,以表悼念之情。后来就有一位不准阿Q革命的"赵太爷"写了一首讽刺诗(见《蓬轩吴记》):

采石江边一抔土,李白诗名耀千古。
来的去的写两行,鲁班门前掉大斧。

因为李白是大诗人,"小诗人"连悼念都不能用诗,否则是班门弄斧。那么,如果在一个散文家墓前连祭文都不能写了,不能读了,大书法家的墓碑除了自己写碑文之外,只好是一片空白的无字碑了。否则,不就成了班门弄斧?可笑的是这位讥笑别人班门弄斧的"护墓人"自己却也用诗的形式在那里班门弄斧,啪啪地自打嘴巴。

盲目地一味崇拜大家,结果也有不少笑柄,让匍匐于地的顶礼膜拜者丢了脸面:

> 李太白过武昌,见崔颢《黄鹤楼》诗,叹服之,遂不复作,去而赋《金陵凤凰台》也。其事本如此。其后禅寺用此事作一偈云:"一拳捶碎黄鹤楼,一脚踢翻鹦鹉洲。眼前有景道不得,崔颢题诗在上头。"……元是借此事设辞,非太白诗也,流传之久,信以为真。宋初,有人伪作太白《醉后答丁十八》诗云"黄鹤高楼已捶碎"一首。乐史编太白遗诗,遂收入之。近日解学士缙作《吊太白》诗云:"也曾捶碎黄鹤楼,也曾踢翻鹦鹉洲。"殆类优伶副净滑稽之语。噫,太白一何不幸耶?(《升庵诗话》)

这"一拳""一脚"的诗因讹传是李白作的,谁也不敢置一词。如果知道是一个和尚写的,恐怕早就批得体无完肤了。

杨慎在《升庵诗话》里说,他曾把宋人张文潜的诗《莲花》、杜衍的诗《雨中荷花》、刘美中的诗《夜度娘歌》和寇准的诗《江南曲》拿给他的朋友何仲默（景明）看。何仲默走极端，认为"宋人书不必收，宋人诗不必观"。杨慎问他这四首诗是什么人作的。何回答："唐诗也。"杨慎笑着说：这就是我们所不屑一顾的宋人作的诗。何仲默沉吟很久，说："细看亦不佳。"杨慎评论他："可谓倔强矣。"这哪里是"倔强"，分明是顽固不化。是古非今，可以昧良心。本来丢了丑，还要自掩饰。何仲默是明前七子之一，是复古派，所以崇唐卑宋也难怪。遗憾的是分辨唐宋诗的能力还不到家，结果出了丑。

还有更可笑的。黄子云《野鸿诗的》载，有人抄杜甫的诗《九日蓝田崔氏庄》，其中"明年此会知谁健？醉把茱萸仔细看"的"健"字误写为"好"。于是一时人们都称赞这个"好"字用得妙。这些人从来没什么客观标准，因人下断语。一见是杜诗，那当然是无一字不佳，自然一哄而上，交口称赞。如果知道原诗是"健"字，他们又会说"健"字如何好，"好"字如何差了。"健"也罢，"好"也罢，无关紧要，要紧的是诗是杜甫写的，用什么字都好，后人只有颂扬的份儿。这种盲目崇拜，能不窒息文学批评？

古人还真有不信邪的人。《渔洋诗话》里说，萧山有个叫毛奇龄的人，他不喜欢苏轼的诗。有一天又在公开场合批评苏诗。汪蛟门站起来说："'竹外桃花三两枝，春江水暖鸭先知。蒌蒿满地芦芽短，正是河豚欲上时。'如此诗，亦可道不佳耶？"毛奇龄回答道："鹅也先知，怎只说鸭？"这是毛奇龄的幽默，也够倔强的，但是他和何仲默不一样。他是坚持要敢于在名人的创作里找出毛病来，敢于吹毛求疵。

还有一个关于文的故事。《升庵诗话》中有"老子论性"一段：

> 《文子》引《老子》曰："人生而静，天之性也。感物而动，性之欲也。"汉儒取入《礼记》，遂为经矣。若知其出于老氏，宋儒必洗垢索瘢，曲为讥评，但知其出于经，则护持交赞，此亦矮人之观场也。

杨慎尖锐地讽刺了宋儒的门户之见，也是对宋儒的极大讽刺，整天价以尊儒相标榜，连真儒假儒都分不清，错敬了神像，虔虔然一无所知，是何等可笑，只知盲目崇拜，不辨珠与鱼目，又是何等可悲。

唐诗高于宋诗，这是公论，但也不能一概而言。明人俞弁与前面提到的何仲默相反，他就认为："古今诗人措语工拙不同，岂可以唐宋轻重论之。余讶世人但知宗唐，于宋则弃不收。"（《逸老堂诗话》）他举出唐张林《池上》诗和宋张子野《溪上》诗做了比较，明显的后者高于前者。他说："巨眼必自识之，谁谓诗盛于唐而坏于宋哉？"明人瞿佑对扬唐抑宋很不以为然，大胆提出"举世宗唐恐未公"。不在于唐宋诗的优劣如何，我们佩服的是这种在"举世宗唐"的大气候下敢于提出"恐未公"的精神。这种学术上反潮流的勇气是应当肯定和提倡的。

清人黄子云在《野鸿诗的》里说的话可以作为这篇文章的总结。他说：

> 昔以目学，今以耳学。人曰：《文选》我师也；我亦曰：我师也。人曰：梁、陈靡丽，不足学也；我亦曰：不足学也。而不知《文选》之外，梁、陈之间，经天纬地者，正不乏人。

人云亦云，囿于成说，回声相应，永无新声。

"诗谶"的"奥秘"

古人相信命数，人的一生休咎都是由命运安排好的。你个人不过是按照这种"设计"一步步去实行完成罢了。人们怀着好奇心总想了解自己的未来，于是就有占卜术。这是有意地探索未来的命运。还有的是在无意中而预卜将来的，作诗成谶语就是其中之一。古籍中这种记载还真不少。作了几句诗，竟成了明天吉凶的卜辞。

唐《本事诗》里记载：

> 诗人刘希夷为诗曰："今年花落颜色改，明年花开复谁在？"忽然悟曰："其不祥欤？"复构思逾时，又曰："年年岁岁花相似，岁岁年年人不同。"又恶之。或解之曰："何必其然。"遂两留之，果以来春之初下世。

《全唐诗话》所载大同小异。评他的诗"词旨悲苦"。尝为《白头翁咏》云："'今年花落颜色改，明年花开复谁在？'既而自悔曰：'我此诗谶，与石崇"白首同所归"何异?乃更作一联云:'年年岁岁花相似,岁岁年年人不同!'既而又叹曰:'此句复仍似向谶矣。然死生有命,岂复由此!'即两存之。诗成未周岁,为奸人所杀。"

这样一位"词旨悲苦"的人,心情精神是非常苦闷的。写了前两句诗觉得不祥,想改变一下情调,更作一联,结果仍然跳不出凄苦的基调。可见他的心情是多么颓丧,无怪乎曹雪芹移其词旨于终日以泪洗面的林黛玉,作出了令人断肠的葬花词。刘希夷如此伤感必然影响了他的健康。再者,也可能病入膏肓,以不久人世的心情写出了悲怆的哀音。果然,第二年春天去世。在当时人看来,这不是诗谶吗?至于是不是被宋之问杀的,本来就有争论。即令是被杀,那只能是后人以被杀而死的后事到其诗作中找谶语而对号入座。

唐著名诗人李贺,二十七岁去世。宋《韵语阳秋》说:"李长吉云:'我当二十不得意,一心愁谢如枯兰。'至二十七而卒。……语意不祥如此,岂神明者先授之耶?"在《韵语阳秋》的作者葛立方看来,这两句语诗就是谶语。李贺是一个才高而仕途不达的诗人。父名晋肃,因"晋""进"同音,避父讳而一生不能考进士。才志不得发挥,心情异常痛苦悲愤,没落的贵族家庭,生活也相当艰难,他作诗殚精竭虑又非常认真。精神苦闷生活苦,加之巨大的脑力劳动。身心负荷太重,很难期其长寿。

《全唐诗话》载,一个孩子七岁能诗,作了一首《吟夏日》诗,有两句"闲云生不雨,病叶落非秋"。唐诗人方干看了以后断言:"惜哉,必不享寿。"果然十岁就死了。一位神童刁鳞游十岁作《竹马诗》:"小儿骑竹作骅骝,犹是东西意未休。我已童心无一在,十年浑付水东流。"当年就死了。宋人周紫芝下的结论是"盖文章早成,古人有之,亦天所忌也"(《竹坡诗话》)。两位十年夭折的神童都是文章早成的早熟儿,少年老成,年虽幼而心已秋。童心无一在,少年的乐趣一点没有,小小年纪就感叹"十年浑付水东流",才子英年早逝,神童夭折,和他们心血用之过度不无关系。十年童年无欢乐可言的心情,如此伤感压抑,实在难以长寿。从"十年浑付水东流"来推断,可能这位刁鳞游已是病魔缠身了。

从某些诗句看似乎与命运寿考有一定联系,但这大部分都是用"马后炮"的方法验证出来的。从另一个角度说诗的基调与人的命运寿考也有不可分割的关系。诗言志,诗为心之声,尤其是抒情诗,更是精神心理感情状态的集中表现,而精神心理感情又和身体的健康状况密切相关。肉体的病痛会影响到精神情绪,精神情绪的状态必然在诗的抒情过程中有所反映。肉体健康状况不佳往往与诗歌伤感颓废的基调是一致的;反过来,从诗歌中的基调也就可以窥见他身体的强弱。当颓丧哀怨的诗句和他的肉体病痛相一致的时候,这诗句就有了预言谶语的神秘性。

但是二者并没有必然的联系。在《容斋随笔》里洪迈就认为:

> 今人富贵中作不如意语,少壮时作衰病语,诗家往往以为谶。白公十八岁,病中作绝句云:"久为劳生

事，不学摄生道。少年已多病，此身岂堪老？"然白公寿七十五。

洪迈以白居易为例，虽然他少壮时作衰语，但并没妨碍他活到七十五岁，证明诗谶之不可信。我们假设，如果白居易作诗后不久去世了，那么后人肯定会说，这首诗就是谶语，甚至还会把"病中"隐瞒起来，以证诗谶之不爽。遗憾的是白居易居然过了古稀之年，诗谶的信奉者对这首诗也就视而不见了，装聋作哑了。

《竹坡诗话》里还有一件可笑的事。郭功父晚年不废作诗，一天梦里作《游采石》诗两首，抄给人看，并说："余决非久于世者。"为什么呢？他说："余近诗有'欲寻铁索排桥处，只有杨花惨客愁'之句，岂特非余平日所能到，虽前人亦未尝有也。忽得之不祥。"果然，不到一个月就死了。李端叔听到这件事觉得很可笑，讽刺说："不知杜少陵如何活得许多时？"郭功夫得了两句自认为的好诗，就觉得是天忌才人，命不会久。李端叔的意思，如果作了这两句诗也能死人，那么杜甫有那么多好诗，早该死去了。不知道为什么杜甫有那么多好诗还能活到五十八岁？言外之意，诗谶是无稽之谈。

宋代的寇准少年时曾有送人诗，其中两句："到海止十里，过山应万重。"后被谗，贬官雷州，雷州吏献地图。寇准看到县城四至，知道东南门离海岸十里，于是恍然大悟，想起了少年时的那两句诗。感叹："岂偶然邪！"寇准自己认为雷州东南门到海边十里路，正好应了"到海止十里"那句诗。可是后来宋开却指出："盖莱公效于武陵诗耳。于《别故人》云：'过楚水千里，到秦山几重。'"（《优古堂诗话》）证明寇准是套用了唐人于武陵的句法，并不是寇准的首创。这样也就谈不上少年时代的诗作"泄漏"了后来命运的"天机"的问题了。"到海止十里"和雷州东南门距海十里不过是偶然巧合而已。这两个"十里"不搭界。

清人施闰章在《蠖斋诗话》里讲了自己一件"不白之冤"：

"有官真似水，无梦不还家。"予寄怀同年侯蓝山句也。侯竟卒于官，友人以为诗谶，然此语故未尝言其不还也。浩然《送王七尉松滋》："愁君此去为仙尉，便逐行云去不回。"老杜《送郑虔》："便与先生应永诀，九重泉路尽交期。"更不复忌讳。何也？

施闰章的诗"无梦不还家"，意谓没有一个梦不是梦见回到故乡的，这是吉利语。以为是诗谶的"友人"大概把诗意理解反了：没有梦，不回家，这不就成了客死他乡之谶吗？倒成了施闰章把人家咒死了。所以施闰章连忙举出孟浩然、杜甫这些大家的诗句来，证明自己的冤枉。说明施闰章是不相信诗谶的。

作诗就是作诗，如果句句成谶，岂不成了卦辞，谁还敢言生死病痛。这种生拉硬扯的例子还有。唐诗人章孝标作过一首《题杭州樟亭驿》："樟亭驿上题诗客，一半寻为山下尘。世事日随流水去，红花还似白头人。"诗作完后，发感慨说："我将老成名，似我芳艳，讵能久乎？"结果，回到故乡就死了。这是一首触景生情的即兴之作，感叹人生如梦，倏而即逝，这类无病呻吟的作品在中国诗人群中可谓汗牛充栋，而且作者已是"白头人"，秋心暮境不为奇怪。巧的是作完这首诗，回到家就一命赴黄泉了。于是就有了诗谶的嫌疑，实则与诗毫无干系。

还有一位唐诗人滕倪，他"苦心为新诗，嘉声早播"。临近秋试，告别宗人太守郎中滕迈，作诗一首：

> 秋初江上别旌旗，故国无家泪欲垂。
> 千里未知投足处，前程便是听猿时。
> 误攻文字身空老，却返渔樵计已迟。
> 羽翼凋零飞不得，丹霄无路接差池。

滕迈看到诗后说："是必不祥。"果然，到了秋天，滕倪死于商於馆舍。从"误攻文字身空老"来看，滕倪科举大概不是一次了。整首诗反映了一种欲罢不能的矛盾心态和对考试结果以及一生前途的担心和迷惘。这是多次应举的举子们的普遍心态，从诗里看不出秋天必死的预兆。滕迈说的"是必不祥"，大概是认为他诗里的情绪太伤感了，对应举来说不是好兆头。如果作了这样的诗就会死，那么，不知道要有多少诗人和举子死去。

孟浩然的《登第》诗有两句："春风得意马蹄疾，一日看尽长安花。"这两句诗夸张地写出了作者四十六岁才登第的那种欣喜若狂的心情。如此诗句该不会有什么不吉之兆吧？否，明人瞿佑就从中琢磨出一番滋味来。他说："然长安花，一日岂能看尽？此亦谶其不能远大之兆。"（《归田诗话》）明朝的瞿佑自然了解唐朝的孟浩然一生仕途不得意的情况，所以才敢于在这般欢快的句子里找出谶兆来。如果孟浩然一生亨通，那么肯定又会从这两句诗中发掘出胸怀大志的先兆来。

梦中作诗质疑

诗人梦中作诗的事不少。有些诗人作诗非常投入，成了癖好，像贾岛那样"一日不作诗，心源如废井"。整天精神恍惚，茶饭无味，如痴如醉，满脑子是诗句的构思。日有所想，夜有所梦，迷迷糊糊进入梦乡，继续他的创作。于是梦中作诗的人屡有所闻，并不奇怪。

金代刘祁三代都曾在梦中作诗。一家人都是诗迷。清人王士禛梦中作过一首五言诗，有一次梦中又得了一首七言，醒来以后，不知是怎么回事。后来因公去四川，才突然想到原来是元稹去四川的时候作的。于是王士禛认为这是自己使蜀的预兆。其实并没那么神秘。一种可能是梦中回忆起元稹入川的诗与后来自己出使四川偶然巧合。一种可能是自己有去蜀的愿望，或者风闻要派自己入川，因而想起了元稹去川时写的诗而不知不觉进入梦乡。醒来后又一时想不起来诗的作者，误认为是自己所作。等到亲至四川，触景生情，唤起回忆，情智忽开，突然记起了作者元稹。王士禛不能细细考察其中"奥秘"，因而感到迷惘不解，遂归之于谶兆。

梦中作上几句诗或回忆起前人的短诗是可以理解的。明代的哲学家、教育家王守仁却有一件怪事。他梦中见到了死去一千多年的晋诗人郭璞,他还送给了王守仁一首诗。王守仁就这首诗,醒来后还作了一个序(《升庵诗话》):

  正德庚辰八月廿八夕,卧小阁,忽梦晋忠臣郭景纯氏以诗示予,且极言王导之奸,谓世之人徒知王敦之逆,而不知王导实阴主之。其言甚长,不能尽录。觉而书其所示诗于壁,复为诗以纪其略。嗟乎!今距景纯若干年矣,非有实恶深冤,郁结而未暴,宁有数千载之下,尚怀愤不平若是者耶!

这里提到了三个人,郭景纯即郭璞,东晋文学家、训诂学家,还会阴阳卜筮。他在大将军王敦手下做事。王敦谋反,让他占卜,他说反必败,王敦不高兴,就把他杀了。郭的预言却应验了。王导是王敦的堂弟,历史上都认为他是东晋图谋恢复的功臣。

梦醒后,他一字不漏地把郭璞给他的诗写在了墙上,全诗共二十八句一百六十六字。

我们在赞叹王守仁人超人的记忆力之余,不禁有些迷惑不解。他梦见郭璞是可能的。大概王守仁对王导这顶忠臣帽子早有怀疑,早就认为王导作为王敦的亲堂弟而对其兄谋反攻金陵一事毫无所知是不可能的,说不定主意就是王导出的(实阴主之)。再加上郭璞是王敦手下的人。知道他谋反的事,也就可能知道幕后策划的情况,如果王导背后出了主意,就瞒不过郭璞,何况郭璞又是一个善于占卜的半人半神能洞察一切的人呢。王守仁钻了牛角,认定郭璞一定知道王导在王敦谋反中扮演的角色。苦思冥想进了梦境,与郭璞见面了,互相交谈起来,王守仁在梦中人格双重化了,一为自己,一为郭璞,一而二,二而一,自己的疑问自己解答。如果到此为止,尚使人相信,然而王守仁却又进了一步,抄出了郭璞的全诗,这下子就露了马脚。

死人作诗,死人托梦,都是无稽之谈。但在当地还是可以蒙人的。王守仁说得又那么确切,时间、地点一一交代,不由你不信,但是假的终究是假的,智者千虑必有一失。

诗中有这样两句:"我于斯时知有分,日中斩柴市。""柴市"作为行刑的地名和气节的象征是宋人文天祥被杀于北京柴市以后的事。郭璞是东晋人,文天祥是宋末元初人,东晋的郭璞作诗怎么用起了元以后的典故呢?这不能不说是王守仁伪托的破绽。

郭璞梦中对王守仁谈的看法和诗中表达的观点也不过是为王守仁代言而已。那么,王守仁为什么要用迂回的方式表达自己的观点呢?我们是不是可以这样推断呢?当时人们是相信鬼神灵魂存在的,尤其是冤魂更是不易消散。像郭璞这种星象家,本来就带有仙气,又是冤魂屈鬼,更容易升入仙界而不灭。王守仁拉大旗作虎皮利用之,更能令人信服王导非忠臣的论点。再者,史书舆论传统观念对王导都有定论。反潮流立异端何等不易,不得不有所顾忌,假托梦中郭璞这位知情人的言论，于作者则有更大的回旋余地。

王守仁是梦中见鬼，还有白日见鬼的。

钱起寄居江湘，于客舍独自吟咏，忽然听到有人在院子里吟诗。"曲终人不见，江上数峰青。"他连忙起来，到院子里一看，不见人影。"以为鬼怪，而志其十字。"科举考试时正好用上了，誉为绝唱，因而登第。后人都认为是鬼诗，对钱起来说是"天助我耶"，命中注定。其实，既然说"以为鬼怪"，不过是猜想推测而已。不能排除另外有人居于客舍而吟咏庭中。等到钱起到了庭中，其人已去。不见人则断定为鬼怪，未免武断。以今观之，可能是钱起与吟诗者失之交臂。

《梅磵诗话》中有一则类似的故事。李士达的居处和尊经阁相近，每天晚上梦见一个青衣童子吟诗登阁，仿佛只记得四句。后来举行乡试，出了"凉叶照沙屿"的诗题。正苦于颈联不好作的时候，突然想起了那四句诗，就用上了。为有司大加赞赏，称为"神语"。

一连几夜梦见同一人物的现象是有的。但梦见同一人物同一动作，重复同一画面场景，就是鬼话连篇活见鬼了。

钱起也好，李士达也好，都有以此宣扬天命的嫌疑，自高身价。这些鬼诗梦中呓语天知道是真是假。

另外，还有梦中见古人评诗者，苏轼在《东坡志林》里记下了这样一个梦：

> 仆尝梦见人，云是杜子美。谓仆曰："世人多误解吾诗，《八阵图》诗云：'江流石不转，遗恨失吞吴。'

人皆以为'先主、武侯皆欲与关羽复仇,故恨其不能灭吴',非也。我本意谓吴蜀唇齿之国,不当相图。晋之所以能取蜀者,以蜀有吞吴之意,此为恨耳。"此理甚长。然子美死凡四百年,而犹不忘诗,区区自别其意,此真书生习气耶?

对诗的不同解释是常有的事。好些人认为杜甫《八阵图》里这两句诗的"恨"是痛恨的意思,苏轼认为是"悔恨"的意思。枕上反复推敲,于是带入梦中,遂有杜甫出现,对苏的意见做了认可。苏轼也和王守仁梦郭璞一样人格二重化了。王守仁是个哲学家,谈梦也是板着面孔。苏轼是个风流倜傥的文人才子,说梦也带谐谑,没有忘了对杜甫执着于诗的赞美而以调侃之笔出之。

诗歌治病

唐张鹭《朝野佥载》里记过一件事。洛州有个人得了"应病",只要一说话,喉中立即有应声重复。他求医于名医张文仲,张文仲经过一夜苦思,得到了一种方法,就是让病人读《本草纲目》,一味药一味药地读下去。读一味药,喉中就应声重复一次。后来凡是读了这味药而没有应声重复的,就一一记下来,把这些药制成丸药,让病人服下,应病立刻就好了,也就是下药对症了。

《遁斋闲览》也有一则类似故事。杨勔中年得一种怪病,每跟人说话的时候,肚子里就小声重复一遍。几年之后声音越来越大。有一个道士看到后很吃惊地说:"此应声虫也,久不治,延及妻子。宜读《本草》,遇虫不应者,当即服之。"杨勔按他的话做了,读到《本草》雷丸这味药的时候,应声虫突然没有声音了。于是立即吃了好几粒,病就好了。

这是两个传说,构想倒很有意思,这样治病是"新疗法"。应声虫是不存在的,通过这个故事却说明了治病须对症下药的道理。也反映了人们对解除人的病痛造福人类的《本草》的无限崇拜，是何等神圣。

《本草》治病尚说得过去。《谈薮》中还有诗歌治病的。梁高祖很喜欢谢朓的诗，说：三天不读谢朓的诗就口臭。谢诗作用类似护齿去臭的牙膏。当然，这是一种夸张的比喻说法。极赞谢诗字字珠玑，读之使人目清口爽，并不是真的有什么疗效。可是杜甫的诗就不同了，真能治病，而且还是杜甫亲自讲的。

《古今诗话》载，杜甫看见患疟疾的，就告诉他读自己的诗就可以治好。于是就让患者读"子章髑髅血模糊，手提掷还崔大夫"，病就好了。《六砚斋二笔》里记载，杜甫诗"夜阑更秉烛，相对如梦寐"。可以治疟疾。方法是手里握着枣对着太阳，在空中写这两句诗，再吸一口气吹一下枣子，不要换手，就让病人把枣子吃掉，病马上就痊愈。看来这个方法比上面的复杂些。

事情当然不可信。宋人葛立方就举杜甫的诗证明诗人自己就患过疟疾，他说："子美于此时，何不自诵其诗而自己疾邪？"(《韵语阳秋》)葛立方问得好。诵诗不能治病，自不待言，作笑话观可也。但是葛立方却还要找出杜诗以用子之矛攻子之盾的方法力辩其诬，可见当时还是有人信的。

从这里我们可以发现人们对诗歌是多么崇拜。它可以感天地泣鬼神，驱除病魔。杜甫是诗圣，他的诗是希望"致君尧舜上"的，是符合儒家的理想的，符合古代中国人倡导的温良恭俭让的传统心态的。所以他的诗也就有了浩然正气，使鬼邪灾病望而生畏，诗圣的诗也就有了神圣的力量。

作诗与祸福

《全唐诗话》引《邺侯家传》中记载的一件事：

> 泌（李泌）赋诗讥杨国忠曰："青青东门柳，岁晏复憔悴。"国忠诉于明皇，上曰："赋柳为讥卿，则赋李为讥朕，可乎？"

看来唐明皇李隆基是清醒的，并没有因为两句诗罗织李泌的罪名。因为诗讥讽的是杨国忠，虽然杨李关系不一般，但终究没有切肤之痛，所以没接受杨国忠的控告。人总是对别人的事清楚，对自己的事糊涂，一遇到伤了自己面子的事，态度就不同了。李隆基大概认为杨国忠终究是自己的亲戚和大臣，不是什么人主，别人骂了两句也没多大关系。可是自己是一国之君，谁要在太岁头上动土就犯了天颜，就原谅不得了。

当时有个东宫侍读薛令之，没有别的官衔，官俸很少，生活清苦。于是在墙上写了一首诗：

> 朝日上团团，照见先生盘。
> 盘中何所有，苜蓿常阑干。
> 饭涩匙难绾，羹稀箸易宽。
> 只可谋朝夕，何由度岁寒。

作为一个侍读，伙食确实也太差，唐明皇看到了这首发牢骚的诗，就提笔续写了四句

> 啄木觜距长，凤凰羽毛短。
> 苦嫌松桂寒，任逐桑榆暖。

薛令之一看，这不是在下逐客令吗？吓得连忙托病辞职，卷起铺盖走人。结果一生不得录用，薛令之没有直接对皇帝提什么政治经济方面的意见，只是对饮食有些不满，唐明皇就受不了了。一首诗葬送了一个人的前程。

还有一件类似的事，一天唐明皇突然到王维那里去了，正好孟浩然在，一时来不及躲避，爬到了床底下。王维不敢隐瞒，禀告给了李隆基。李说我早就听到过这个人。于是孟浩然就出来拜见了皇帝。唐玄宗问他带诗来没有？孟浩然就念了一首诗，其中有几句：

> 北阙休上书，南山归敝庐。
> 不才明主弃，多病故人疏。

李隆基听了很不高兴，说：我并不曾抛弃人才，是你不求进取，有什么办法！反而作这种诗。因之敕命放归南山，一生不得做官。孟浩然虽然说自己"不才"才让"明主弃"的。那也不行，只要你对我李隆基有微词，就不能容忍，老虎屁股摸不得。按孟浩然的本意是希望博得皇帝的同情怜悯，诉说命运不济，能得到重用恩赐的。不然诗篇本来很多，为何独独吟咏这一首呢？谁料事与愿违，李隆基已经不是想象的"明主"了。从另一角度看，我们又不能不佩服孟浩然的胆量。

对于这件事，后人有两种意见。宋人陈岩肖在《庚溪诗话》里批评唐明皇心胸狭窄，不能容人，"无人君之量"。而同是宋人的魏泰看法相左，他认为孟浩然作为一个平民百姓，竟然随便入宫，又冲犯了皇帝，这一点就够治罪了，最后放他归山，唐明皇够宽宏大量的。哪里还在乎一个"弃"字论罪不论罪呢！清人何文焕更进一步，他认为孟浩然私受王维之邀而进入禁苑，唐明皇不但不怪罪，反而让他诵诗，这是千载难逢的好机会（言下之意，这时孟浩然就应当歌功颂德），至于孟浩然诗句触犯了皇帝，这是命当如此，自作自受。

陈岩肖的意见是对的。他承认"唐明皇初好贤乐士，殊有帝王之志，遂致开元之治"。但晚年昏庸，"信谗好佞，遽改初志，遂致天宝之乱"。（《庚溪诗话》）他在举了信谗言罢李适之宰相及薛令之、孟浩然诗祸事后说："则明皇之褊而不容，本无人君之量，然则开元之初，亦矫情强勉而为之者也。"跨过真理一步就是谬误，不能因后来唐明皇的错误而连他的过去一并否定，人是会变的。事业未成时易谦虚，事业有成之后易自满，这时就很难容得不同意见了。至于魏泰、何文焕完全站在皇权至高无上、天颜不容冒犯的立场来评论就显得太过迂腐了。

薛令之、孟浩然不管怎么说，总还表示了一点不满，被斥多少还有点理由，宋人柳永比他们更冤枉。柳永是婉约派词人代表，《能改斋漫录》记载，他写过一首《鹤冲天》，其中有"忍把浮名，换了浅斟低唱"。这本来是文艺作品的夸张，表现文人才子的风流倜傥，如渊明的风节，如刘伶的放达，哪里能认真。可是偏偏遇上了一个"认真"的皇帝宋仁宗赵祯。他看到这首词，很不高兴。柳永刚刚参加了科举考试，可见他并不是要把"浮名"换成"浅斟低唱"的，还是热衷功名的。他参加考试的行动足以否定了他的词。可是赵祯还是不依不饶，放榜时，赵祯特别指出柳永："且去浅斟低唱，何要浮名！"大概宋仁宗认为科举考试是国家选拔人才的大事，对待严肃的事情，柳永却如此儿戏，这就冒犯了他的尊严。给个做官的机会还不要，那就作词去吧，别想考上。柳永无端吃了一首词的亏。

就如何看待文学作品，李隆基晚年和赵祯不如宋神宗赵顼。元丰年间苏轼因作诗讥刺新法坐过监狱。神宗本不打算从重治罪。当时的宰相王珪突然对神宗说苏轼对皇上大不敬。神宗说：苏轼自然有罪，但对我还不至于此。你怎么知道呢？王珪就以苏轼的两句诗为证："根到九泉无曲处，世间唯有蛰龙知。"并上纲说："陛下是飞龙在天，苏轼认为不了解自己，反而要去地下求蛰龙，这不是对陛下的不敬又是什么？"赵顼却比较开明，回答他："诗人的诗词作品，怎么能这样评论理解呢？他吟咏他的桧树，跟我有什么关系。"又说："自古称龙者多矣，如荀氏八龙，孔明卧龙，岂人君耶？"看来，赵顼比较宽宏，他是了解文艺创作的特点的，不能牵强附会地与政治胡乱对号。

还有一位开明的辽道宗耶律洪基。当时观书殿学士王鼎因罪流放镇州。几年后大赦，独不赦王鼎，他便趁机让人带给道宗一首诗，其中两句是："谁知天雨露，独不到孤寒。"辽帝很可怜同情他，即日召还回京，复职任用。其实这两句诗的意思和孟浩然的"不才明主弃"是一样的；而且是专门写给皇帝的，要想论罪更有理由。辽道宗比唐明皇胸怀大，不但不怪罪，反而重新起用。

文艺和政治的关系看来是个老题目。要真正处理解决好二者的关系并不那么容易。历史的经验教训倒是应当借鉴的。

夺诗杀人疑案

一句或一首诗有时会发生著作权之争,有的人还因此而丢了性命。刘禹锡的《刘宾客嘉话录》里有这样一段记载:

> 刘希夷曰:"年年岁岁花相似,岁岁年年人不同。"其舅宋之问苦爱此两句,恳乞,许而不与。之问怒,以土袋压杀之。宋生不得其死,天报之也。

宋之问为了把外甥的两句诗攫为己有,不惜杀人,是够狠毒的。刘希夷为捍卫自己的著作权结果以诗累而丧命。据《全唐诗话》,刘希夷作《代悲白头翁》有这样两句:"今年花落颜色改,明年花开复谁在?"他觉得写得不吉利,又改作一联,就是上面引文中提到的那两句。他觉得还是不祥之兆,但认为生死有命,哪里在于两句诗,就没再改。可见这是他精心之作,是花了心血的,自然不能随便送人。结果"诗成未周,为奸人所杀。或云宋之问害之"。刘希夷这桩命案,就有两种说法。

对宋之问夺诗杀甥事，宋人魏泰在《临汉隐居诗话》里就提出了怀疑，他认为宋之问的诗佳作不少，而刘希夷的诗实在没什么可取。不知道宋之问何至于压杀刘希夷而夺诗。他认为刘希夷白白送命，不可理解。

金代王若虚在《滹南诗话》里明确翻案。他认为《刘宾客嘉话录》是妄说。宋之问固然是小人，但还不至于如此。况且为"年年岁岁""岁岁年年"这样卑陋的句子，也至于杀人吗？

清人贺裳在《载酒园诗话又编》里从诗的风格上分析，不相信宋之问杀人。他认为宋、刘比较，有成熟老练和幼稚的差别。刘诗如"花落鸟啼"，宋诗如"云蒸霞蔚"，手笔不同，各有所长。宋诗高于刘诗，何苦要夺诗杀人。且两句诗"亦甚无奇"，所以不值得杀人夺诗。

这两句诗到底艺术水平如何？应该说写的是相当不错的，人与花比，反复吟咏，叹人生之如白驹过隙。刘禹锡是肯定的。孙翌撰《正声集》以刘希夷这诗为集中最好的。《红楼梦》的黛玉"葬花词"明显地受了刘希夷的影响。所以魏泰、王若虚、贺裳着重从诗句好坏来为宋之问杀人辩护是无力的。对诗的看法，由于各自艺术观点不同，仁者见仁，智者见智，不容易说得清楚。

宋之问与同时的沈佺期，对诗歌声律的贡献是人所共见的，史称"沈宋"。在诗坛上的影响声名要比刘希夷高得多。没有必要用这两句诗来提高身价。但从这件传闻，却让我们看到了当时人们对诗歌创作的重视，有为财死者，有为功名而死者，居然也有为诗而死者，图诗害命者。

宋之问人格卑下，恩将仇报，做官受贿，媚附权贵张易之，为人所不齿，因之有意造言，杀甥夺诗。且此事符合其平日为人。人们以此泄愤，不无可能。后来宋之问流放钦州，被赐死。于是《刘宾客嘉话录》说："宋生不得其死，天报之也。"足见刘禹锡对他痛恨之深。反证夺诗杀人事可能有刘禹锡的感情因素在内，不好定案。

死于诗的人，在笔记小说诗话中还有记载。

据说隋炀帝杨广创作了《燕歌行》后，群臣认为无人可及，独有王冑不买账，不甘居于杨广之下，因此被害。死前杨广讽刺他说"庭草无人随意绿"还写得出来吗？可见杨广对王冑的这句诗异常忌妒。宋人吴开发现，原来王冑这句诗源于庾信《荡子赋》，其中有两句："游尘满床不用拂，细草横阶随意生。""随意"二字用得的确好。显示了庭院的寂寞无主，青草自在生绿，并且赋草以人情。"随意"二字并不是王冑"专利"，却因而被害，无怪乎吴开感叹："岂不枉哉！"（《优古堂诗话》）

传说薛道衡为杨广所害时，杨广也说过类似的话，看他还能作"空梁落燕泥"否？薛道衡的"暗牖悬蛛网，空梁落燕泥"是流传的佳句，而为杨广所妒。

正史记载，王冑是杨玄感的朋友，杨起兵失败，王受牵连而被杀。薛道衡是由于上《高祖文皇帝颂》触怒了杨广而被杀。看来二人被害的直接原因并不是因为写了两句好诗。杨广挟嫌报复是可能的，在二人临死时他幸灾乐祸，无意中说出了心里话，泄泄私愤。

从这几个例子，可以想见当时人们作诗争强斗胜到了何等热心的地步。大家对诗歌如此重视，上行下效自然蔚然成风。

诗人的自我推销

唐代科举考试需要走后门，形式之一就是"温卷"。在考试之前先把自己的诗、传奇小说送给某位名人，如果得到了他的赏识，他就可以为你广为宣传，提高你的知名度。有的人本人就是主考官，阅卷时更能手下高抬。朱庆余写给张籍的一首诗，就是这方面的代表。《闺意献张水部》云：

洞房昨夜停红烛，待晓堂前拜舅姑。
妆罢低声问夫婿，画眉深浅入时无？

最后两句，表现了作者忐忑不安的心情。暗示张籍不知道自己的作品能否让人认可，符不符合时下主文柄者的要求。《全唐诗话》载："庆余遇水部郎中张籍知音，索庆余新旧篇，择留二十六章，置之怀袖而推赞之。时人以籍重名，皆缮录讽咏，遂登科。"朱写了上面那首诗，张籍又酬答了一首，"由是朱之诗名，流于海内矣"。

唐人项斯，江东人。开始并不出名。后来以他的诗文晋谒杨敬之，杨非常喜爱，并赠了一首诗："几度见诗诗尽好，及观标格过于诗。平生不解藏人善，到处逢人说项斯。"不久，"诗达长安，明年擢上第"。（《全唐诗话》）后来"说项"就成了为人游说、托人情的典故。

朱庆余、项斯都是靠人宣传鼓吹成名的。但是并不是所有的人都有这种机缘，都有这种靠山。有的人可能还不屑于此，那么就只好自我"推销"了。

《全唐诗话》转引《独异记》载陈子昂的一件事：

> 子昂初入京，不为人知。有卖胡琴者，价百万。豪贵传视，无辨者。子昂突出，顾左右以千缗市之。众惊问，答曰："余善此乐。"皆曰："可得闻乎？"曰："明日可集宣阳里。"如期偕往，则酒肴毕具，置胡琴于前。食毕，捧琴语曰："蜀人陈子昂，有文百轴，驰走京毂，碌碌尘土，不为人知。此乐贱工之役，岂宜留心？"举而碎之，以其文轴遍赠会者。一日之内，声华溢都。时武攸宜为建安王，辟为书记。

朱庆余、项斯、陈子昂都把作品当作了踏入仕途的敲门砖。朱、项是用它敲开了张、杨的大门。陈子昂则是把它直接抛向了社会。当时没有文艺报刊，新闻媒体不发达，陈子昂只好抄写了自己的作品向社会散发。一是他的诗作得好，二是他采取的手段奇，更能引起轰动效应。他是懂得宣传心理的。果然，达到了目的。

《北梦琐言》记载了李昌符的成名故事：

咸通中，前进士李昌符有诗名，久不登第，常岁卷轴，怠于装修。因出一奇，乃作《婢仆诗》五十首，于公卿间行之。……诸篇皆中婢仆之讳，浃旬，京城盛传，是年登第。

诗写得很通俗："春娘爱上酒家楼，不怕归迟总不忧。报道那家娘子卧，且留教住待梳头。""不论秋菊与春花，个个能噇空肚茶。无事莫教频入库，一名闲物要些些。"这种诗文野咸宜，自然易于流传。说的都是身边人，自然大家感兴趣。李昌符是以诗的内容奇而一般诗人又不屑为而取胜的。他的目的很明确，先出了名再说。知名度高了，就会引起考官的注意，加深其印象，要让自己在芸芸众生中脱颖而出，考官就会有先入为主的印象，自然就比别人成功的把握大。李昌符正面攻坚失败了，迂回战术却取得了胜利。

为了登科，跨上进身的台阶。封建时代的士子们用尽了浑身解数，各出心裁，不得不违心地做番表演。这些士子们也真够可怜的。话又说回来，如果掌文柄的人果真能量才录用，以才取人，人尽其才，那么他们又何必出此下策。

辑十一 其他

古体诗中复姓者的厄运

中国的古典诗歌多半是五言、七言。从意义语法的组合看，五言诗多半是上二下三，七言诗多半是上四下三。

如果诗中要提到复姓的人名就很麻烦，五言就很难容纳，七言也很不便。有的复姓约定俗成，知名度很高，只提一下姓就知道是谁。如诸葛亮，在中国成了智慧的化身。说一个人聪明就送他外号"小诸葛"。《小二黑结婚》中的刘修德因会阴阳八卦，预卜未来，人们就称"二诸葛"。"诸葛"二字成了诸葛亮的"专利"。人们不会认为是诸葛恢、诸葛恪、诸葛瑾、诸葛瞻。但是如果是欧阳、上官、东方、皇甫等等就很难确指了。按通常的七言语法结构上四下三格式，如将复姓人名纳入诗中就有一定困难。于是诗人们就只好把复姓的三字全名或四字全名简化为两个字。

唐诗人曹唐《游仙诗》有"方朔朝来到我家"。杜甫《赤霄行》有"葛亮贵和书有篇"。东方朔、诸葛亮都简化为两个字。把二人一个变成了方姓，一个变成了葛姓。姓本来是不应当拆开的。这种拆开复姓就七言之范的做法实在不可取。

削足适履，灭裂人家姓氏是可笑的。但是曹、杜也实在无计可施，只好将就。他们如果用"诸葛""东方"就不够明确，"诸葛"读者还有可能猜到是孔明。"东方"就很难了，甚至会把它误解为方位。万般无奈，只好"方朔""葛亮"了。这样起码能让人知道指的是东方朔、诸葛亮。不致产生大的误解。

语言在发展，汉语外来词日渐增多，翻译的人名、物名、地名多是多音节词。如英特纳雄耐尔、布尔什维克、阿司匹林、布宜诺斯艾利斯、奥斯特洛夫斯基等等。五言诗、七言诗的框架怎么装得下？内容决定形式，框架必然突破。所以旧瓶装新酒，也是有限制的。并不是所有的新酒都能装进旧瓶子。

有不少今人作古诗词，毛泽东就是最有成就的一个。在他的诗词里内容是新的，但是翻译的多音节长词却没有。无他，装不进旧瓶里去。

有人也试图在七言里用上外国国名和人名。1956年匈牙利事件之后，匈牙利的共产党书记卡达尔来华访问，有位民主人士曾写过一首诗，表达欢迎之意，记得有两句是"中国人民爱匈牙，万人机场迎卡达"。

如前所述，汉语七言诗语法结构多是前四字为一意，后三字为一意。这首诗是按此规则写的。不然的话写成"中国人爱匈牙利，万人机场迎卡达尔"好像有点拗格。可是"匈牙利""卡达尔"都是一个词，如此扯开简化而为"匈牙""卡达"确实不当。但是七言诗的格律又在那里起着作用。也只好剪"匈牙利"之尾,削"卡达尔"之足了,读者清楚也就可以了。当时就有人开玩笑说:腰斩卡达尔,分裂匈牙利,实在不敬。

古人的"双语诗"

宋人余靖三次出使契丹,懂得契丹语。契丹王说,如果你能说契丹语,我就敬你一杯。于是余靖就写了一首诗。这首诗是汉语和契丹语混成的:

夜宴设逻臣拜洗,两朝刷荷情感勤。
微臣雅鲁祝若统,圣寿铁摆俱可忒。

宋人刘攽在《中山诗话》里对其中的契丹语做了解释。设逻:厚盛。拜洗:受赐。刷荷:通好。感勤:厚重。雅鲁:拜舞。若统:福佑。铁摆:崇高。可忒:无极。我们翻译一下,大意如下:

夜宴厚盛臣受赐,两朝通好情谊密。
微臣拜舞祝福佑,圣寿崇高俱无极。

难得的是余靖把汉语和契丹语糅合在一起还有以下几个

特点：

第一，汉字在诗句中的位置都是一、二、五。契丹语是三、四、六、七。

第二，按词汇来说，汉语词在句中位置是一、四，契丹语词为三、五。

第三，诗句字数整齐，成七言绝句，把契丹语音译成汉字而仍能保持七字一句，更为难得。

第四，汉语词组结构每句的前两个词都是偏正结构。

第五，内容语气符合使者身份。

对于余靖来说，当场作汉胡双语诗实在不易。然而没有想到，却因作契丹诗，被人弹劾而罢官。

无独有偶，与余靖同时代的刁约出使契丹，也曾作过一首类似的诗，是五言：

押燕移离毕，看房贺跋支。
饯行三匹裂，密赐十貔狸。

这是《梦溪笔谈》的记载。移离毕，官名，类似中国执政官。贺跋支，如执衣、防阁人。匹裂，似小木罂。貔狸，形如老鼠而大，契丹人认为是美味。诗的意思是出使契丹，有人保护，饯行敬酒三杯，密赐十只貔狸。

这首诗也是汉语契丹语的双语诗，且排列整齐，写成了五言绝句，难得的是还押韵。

两首诗因是双语诗，读起来自然佶屈聱牙。但我们不能不佩服他们的才能和探索的勇气。这种双语诗到了"五四"时期有的诗人又试探起来,在诗句中偶尔加进去一两个英语词汇。余靖、刁约把契丹语用汉字拟音硬纳入七言、五言绝句的死框架内,还要考虑到内容的积极性和切合环境,实非易事。

当然我们不主张这种"洋泾浜"诗。外来语可以吸收,但不能生吞活剥。余靖、刁约即兴应景作上一首无可非议,有时在外交上也需要这种联系感情的手段。但是不可仿效。事实证明"五四"时期在汉语新诗中加进英语词汇的做法并没生命力。解放前曾有一段双语顺口溜对那种汉英夹杂的现象进行了讽刺。

  爹法泽,娘马泽,儿在学校读布克,各门功课都古得,只有英格力士不及格。

改革开放后,大量的新名词应时而生,其中有的就是音译而来的,丰富了汉语的词汇。追赶着时代,对一些新的科技名词在汉语中都有了相应表达的词语,这是好现象。但是我们也应该避免重蹈旧辙,还是要注意语言的纯洁,要吸收、要消化,而不是生吞硬贴。

看不懂的"朦胧诗"和"意识流"

《太平广记》里说唐武威将军权龙褒自夸能写诗。他曾写过一首《秋日述怀》。我们且来欣赏一下大作:

檐前飞七百,雪白后园强。
饱食房里侧,家粪野集螂。

属下看了丈二和尚摸不着头脑。权将军不得不自己诠释:"鹞子檐前飞,值七百文。洗衫挂园中,干白如雪。饱食房中侧卧。如厕见野泽蜣螂也。"

原来不是七百只动物飞,而是一只鹞子值七百文钱;后园不是下了雪,而是晾晒的衣服雪样白;吃饱了饭就躺下,上厕所就看见蜣螂拱粪。东一榔头西一斧子,不着边际乱诌一通。他要不做点解释,还不是鬼话连篇梦人呓语。

后继有人,《扪掌录》里又记载了这样一位"朦胧"诗人。

宋哲宗的时候,有一位皇族宗室好写诗而鄙陋不通,曾写过一首即事诗：

> 日暖看三织，风高斗两厢。
> 蛙翻白出阔，蚓死紫之长。
> 泼听琵琶凤，馒抛接建章。
> 归来屋里坐，打杀又何妨？

人们看不懂，问他什么意思。他解释说：开始的时候，看见三只蜘蛛在屋檐前结网。接着又看到两只麻雀在两厢走廊里争斗。有一只青蛙死了，翻着白肚皮像个"出"字。有条紫色死蚯蚓像个"之"字。我正在吃泼饭，听到邻家弹琵琶曲《凤栖梧》。馒头还没吃完，守门人报告建安章秀才拜见。接待罢章秀才回来的时候，见内门上画着一幅钟馗打小鬼的画，所以就写了"打杀又何妨"。（《坚瓠集》）

幸亏作者做了解释，不然就成了千古难解之谜。且不说诗句文采全无，就从意义来说又怎么评它呢？就内容让人们似懂非懂来说有点像朦胧诗。但是朦胧诗人家总还有朦胧的美，雾中楼台，云中断山，虽朦胧终有迹可循。你朦胧一下，我朦胧一下，朦胧多了，就有人总结朦胧，研究朦胧，找出朦胧的内在规律来，也就不那么朦胧了。毕加索的画还不是有人很会欣赏分析。李商隐的诗不也朦胧得很美吗？宋皇族宗人的诗只有痴人说梦的可笑，却没有朦胧的美感。

这首诗从创作方法上看，思维很活跃，又有一点像意识流。但又没有意识流作家的丰富感情和忽前忽后，忽古忽今意识流动的大波澜与气魄。他只限于小小空间、时间的目见耳闻。像一个捡破烂的兼收并蓄，是最低级的自然主义。

朦胧诗不是痴人说梦，意识流不是胡说八道。没学会爬就想学跑的人，总以为这是创作的终南捷径，这是一种误解。作品既要发表传播，又要被人理解。不然，像宋宗室作者的不通文字最好日夜置于案头，自个儿敝帚自珍去，别人管不着。

从阴晴引出的哲理

法国大文学家巴尔扎克的小说《欧也妮·葛朗台》一开头,介绍古老的索漠小镇时,写了卖酒桶的木材商人和其他人对生财之道与天气的关系,进而写出了他们对天气的看法:

……一天的好太阳教他们发财,一场雨水教他亏本:酒桶的市价,一个上午可以从十一法郎跌到六法郎。

这个地方像都兰区域一样,市面是由天气作主的。种葡萄的,有田产的,木材商,箍桶匠,旅店主人,船夫,都眼巴巴地盼望太阳;晚上睡觉,就怕明朝起来听说隔夜结了冰;他们怕风,怕雨,怕旱,一忽儿要下雨水,一忽儿要天时转暖,一忽儿又要满天的云。在天公与尘世的利益之间,争执是没得完的。晴雨表能够轮流地教人愁,教人笑,教人高兴。

这条街从前是索漠城的大街,从这一头到那一头,"黄金一般的好天气"这句话,对每户人家都代表一个收入的数目。而且个个人会对邻居说:"是啊,天上落金子下来了。"因为他们知道一道阳光和一场时雨带来多少利益。

一直到今天农业的丰歉在很大程度上依然要决定于气候的好坏。索漠镇对天气的要求和感情,一时一变,总希望风调雨顺。巴尔扎尔用散文叙述了与农业生产有关的人的共同心态。这种心态在整个人类都是相通的。

中国古代对这种心态早就有过发现和描述。巴尔扎克用数百字散文表现的,苏轼却用韵文诗歌二十八个字写出来了。他的《泗州僧伽塔》一诗写道:

耕田欲雨刈欲晴,去得顺风来者怨。
若使人人祷辄遂,造物应须日千变。

耕地的和割草的对阴晴要求不一,顺风船高兴,顶风船就埋怨。要人人的愿望都能达到,可就忙坏老天爷了。真是众口难调。

后人张文潜模仿苏诗也作了一首:

山边半夜一犁雨,田父高歌待收获。
雨多潇潇蚕簇寒,蚕妇低眉忧蚕单。
人生多求复多愁,天公供尔良独难。

张诗比苏诗少点幽默,而多了点说教,责备人们多贪欲而少旷达。张文潜发挥得有点离题。苏诗是含有哲理性的：人的角度立场不同，看问题的观点就不同。一件事不可能让人人满意。

冯梦龙在《醒世恒言》的《施润泽滩阙遇友》里引用了一首江南民歌，站在"天"的立场上，为之代打不平：

> 做天莫作四月天，蚕要温和麦要寒。
> 秧要日时麻要雨，采桑娘子要晴干。

可谓好人难做，一人难合百人意。

巴尔扎克的小说只是客观描写小城镇人的心态。苏诗近于玩笑，以诙谐出之。张文潜略带说教之意。宋人李德远模仿杜甫的《缚鸡行》写了一首《东西船行》就是有意识的发挥哲理：

> 东船得风帆席高，千里瞬息轻鸿毛。
> 西船见笑苦迟钝，汗流撑折百丈篙。
> 明日风翻波浪异，西笑东船却如此。
> 东西相笑无已时，我但行藏任天理。

得意时莫忘乎所以，失意时莫悲观消沉，三十年河西，三十年河东，世事变化无定规，不如与世无争任自然。利用天气的变化对人们造成的利与弊和不同的心态抽象出了一种哲理，较之单纯的说教自然更易令人接受。

焚琴煮鹤,啼笑皆非

有伯乐才会发现千里马。如果没有伯乐,纵使千里马驰骋眼前,也会视而不见,甚至会杀马食肉,毁了它的价值。古人就有不少有眼无珠、暴殄天物的事件。这种焚琴煮鹤的事实在令人啼笑皆非。

《珊瑚钩诗话》有一则故事:

> 李卫公镇南徐,甘露寺僧有戒行,公赠以方竹杖,出大宛国,盖公之所宝也。及公再来,问:"杖无恙否?"僧欣然曰:"已规圆而漆之矣。"

这段文字可作寓言读。看来这位"有戒行"的和尚见识实在有限,他根本不知道方竹杖的宝贵处就在一个"方"上。他却按他的手仗都是圆的常识主动改造方竹杖,由奇变而为俗,刷漆失去本来面目。方竹杖去方,价值全毁,一文不值。无独有偶,再看一位僧人杰作:

会稽天依寺有半月泉，泉隐岩下，虽月圆满，池中只见其半，最为妙处。有僧凿开岩石，名满月。殊可笑。

事见《坚瓠集》。这位俗僧大概只知道圆满、十全十美才可人心意，不知道半月残缺也是一种美。半月泉的"最为妙处"就是岩石遮月，泉池下只见月之半。上天为圆月，水中为半月，何等胜境！可是和尚不理会，硬是凿开石头，让满月映于池中。他恰恰是在"妙处"动了"手术"，结果诱人的妙处没有了，剩下的只是平淡无奇，与天下其他山泉无二，景观被彻底破坏了。

《珊瑚钩诗话》作者宋人张表臣说，他暇日和同僚去游甘露寺，把自己写的一首词题在了寺壁上。甘露寺和尚不懂诗文价值，却说："方泥得一堵好壁，可惜写了。"古时文人在寺壁、馆驿壁、亭壁题诗是一种风气。张表臣在宋做过承仪郎、司农丞，又是带着同僚去的，还是有一定名气的，而且词写得还不错。作为名人笔迹实属难得。和尚本应欢迎，但是这位和尚不懂风雅，只一味地心疼他那块刚粉刷过的墙壁，岂不知经名人题咏过的墙壁更可贵，更有文化价值。

张表臣的词还算幸运没有被粉刷遮盖起来。起码当时没被去掉，听和尚不满的口吻恐怕也保存不久。清人陶元藻《越画见闻》里载有林霖画的一幅画，却被和尚涂去了：

尝画北岭庙关殿四壁，笔力直追洪谷子。每壁林峦变化，无尺寸相同处，识者赏焉。后住持僧以重修殿宇,垩而去之,焚琴煮鹤,良可慨也。

和尚不知道艺术的价值,就这样把一幅佳作毁掉了。

因无知而毁了文物的事,还有更可笑的呢。

《茶香室丛钞》转引《云仙杂记》的一则记载。有人得到唐初四大书法家之一的虞世南给圆机的一封信的手迹。可谓难得。这个人知道它的金钱价值,却不知道保存它的文化价值。他要卖掉它,为了多得点钱财,这家伙想了一个鬼主意,他不整个一次性卖出,却把信剪碎了,一个字两个字地卖。"矾卿",一字换麻一斗;"鹤口",一字得铜砚一个;"房村",一字得芋千头。就这样,一件珍贵的文物,让这个财迷心窍的人零打碎敲,支离破碎地给糟蹋了。还有一件类似的事情:

> 曲阜孔谷园先生以书名家,殁后所存墨迹,子侄分藏之。其远族人无所得,乃从本家乞得一巨幅,碎裁而均分其字。(《两般秋雨盦随笔》)

中国是一个文明古国,不知有多少稀世之宝毁于这些无知无识人的手中,作为文物,其文化价值越高,金钱价值也就越高,越是成为钱迷心窍的人垂涎猎取的目标。挖坟盗墓固然是破坏文物,胡乱改造名胜古迹,弄得不伦不类,不正是方竹规圆,凿岩改月影的再现吗?同样也是在暴殄天物,破坏文化遗产。不提高全民的文化素质。一些人总会死死盯着文物的金钱价值,而不会顾及保护它的文化价值,于是就会铤而走险,就会重蹈好心办坏事,在无意中破坏文物名胜的内在价值的覆辙。

画家和鉴赏家知识要广博

唐朝诗人王维有一首很有名的诗《送元二使安西》：

渭城朝雨浥轻尘，客舍青青柳色新。
劝君更尽一杯酒，西出阳关无故人。

这是王维在距长安西三十里的渭城送别友人的诗。作者到了这里就不再远送了，所以劝朋友再和他干了最后一杯酒，越往西越是人烟稀少，出了阳关就没有相识了。

这里的阳关指的是汉时玉门关南边的一个关隘。当时去西域，北路出玉门关，南路出阳关。阳关在长安西二千五百里。后人经常用"劝君更尽一杯酒，西出阳关无故人"赠别朋友。画家也有取诗意作画的，宋朝画家李公麟就作了一幅《阳关图》，大词人苏轼、黄庭坚都在画上题了词。遗憾的是他们都搞错了，画中画的是渭城送别的场面，题名却是《阳关图》，把渭城和阳关画了等号。这一点让同时代的吴曾在《能改斋漫录》中点了出来。他说这幅画应该叫作《渭城图》

更恰当。

可见画家以诗意作画，首先要理解诗意。其次还要有点地理知识，不能一知半解，不然就会闹出笑话来。

还有一件在画上题诗评论画本身而暴露自己浅陋的事。这事也和王维有关。

王维是诗人，也是大画家，他曾画过一幅《雪中芭蕉图》。宋代和尚惠洪有一首《题王维〈雪中芭蕉图〉》诗。其中有一句"雪里芭蕉失寒暑"。意谓雪里生长芭蕉与时令不合。明人俞弁在《逸老堂诗话》引朱新仲《猗觉寮杂记》的记载："岭外如曲江，冬大雪中，芭蕉自若，红蕉方开花。始知前辈作画不苟如此。想惠洪未到岭外故也。"俞弁又引用陆安甫《蕞残录》："郭都督铉在广西亲见雪中芭蕉，雪后亦不凋坏。"最后俞弁发了感慨："噫，不读天下书，未遍天下路，不要妄下雌黄！观此益信。"

看来，惠洪是没到过江南，或者没在江南经历过冬雪天气，只是按北方气候推测的。北方霜冻期长，芭蕉自然枯死。南方平均气温高，偶尔有寒流降雪天气，也是随落随融，尤其是岭南广东一带更是如此。于是就出现了北方人眼中的雪里芭蕉的奇观。惠洪不察地域之不同，而贸然下结论，难免为后人讥讽。

如果作人物画，画家在典章制度、用具服饰等方面要考虑到历史的真实情状，不可以今测古，否则就会闹笑话。

在《旧唐书·舆服志》里太子左庶子刘子元曾发过一段议论。他说古时候大夫以上的官都坐车，至于有些武将乘马，那是因工作的需要而变通。南朝时有尚书乘马的，结果被御使弹劾。近期皇帝出来，左右朝臣都穿朝服而乘马。所以有人就说唐秘阁里有画的梁武帝《南郊图》里面就有侍臣乘马的。意思是说从南朝起就有侍臣乘马的先例了。刘子元认为这幅画"是后人所为"。他又说南朝的大画家张僧繇的画中有兵士穿草鞋的。阎立本画的王昭君入匈奴的画，妇人有头戴帷帽者。他认为草鞋是水乡人穿的，在南朝京城里没有人穿。帷帽（席帽周围垂网）开始于隋代，不是汉代宫院里的东西。总之，这些明眼人都能看出破绽，都不符合历史细节的真实。宋人郭若虚在《图画见闻录》里也承袭此说，认为画虽然是好画，但终究是丹青的一大毛病，一大遗憾。画家确实要有多方面的知识。

琴弹得好，须有知音赏。画画得好，要有鉴赏者。艺术家创造美，评论家发现美，二者缺一不可，相得益彰。有这么一则佳话。有人画了一枝盛开的牡丹，旁边蹲着一只猫。有一个赏画的内行评论说："这是中午的牡丹。"他的结论是根据什么来的呢？原来画中猫的眼睛瞳孔像一条线。大家知道猫的瞳孔是随光线的强弱而变化的。中午光线最强就成了一条线，因之得出了中午牡丹的结论。一般地说花卉中午开得最盛。这幅画就是用猫的眼睛侧面表示牡丹开放的最盛时间的。画家并未在画面上画出中午毒日头，而用猫眼间接点出时间，手法是高明的。

赏画者知识面广而且细心。良马伯乐缺一不可。推而广之，一切无不如此。

汉字的崇拜

"仓颉作字，天雨粟，鬼夜哭。"《淮南子》如是说，证明文字的出现，对人类的发展何等重要，以至于天上落粮食，夜里鬼哭叫。那么为什么人类造了文字就让"天雨粟，鬼夜哭"呢？一种说法是文字一出现，伴随而来的是虚伪奸诈，坏人可以利用文字作恶，人们丧失了原来的纯朴善良。上天害怕了，于是连忙送来了粮食，鬼魅感叹人心不古，因而夜间大哭。

另外也有人不同意这种说法，汉朝的王充在《论衡》里就说，大家都认为在黄河里出现了"河图"，在洛水里出现了"洛书"，是吉祥的兆头。仓颉造字和河图、洛书出现一样都是好事，为什么天吓得要落粮食？鬼吓得哭呢？如果是担心恶人掌握文字对人不利，那么恶人也可以得到河图、洛书。这么看来，河图、洛书的出现也不是好事喽！王充实际上就否定了上一种说法。

还有一种说法是仓颉造了文字，上天鬼神再也不能为所欲为了，人类掌握了控制、了解大自然的工具，人可胜天了，于是上天迫于压力落下了粮食，鬼魅恐惧夜里哭号。这是接近真理的。人类不了解大自然时，就产生了恐惧和崇拜，上天鬼魅主宰着人类命运。人类慢慢了解掌握了大自然，就产生了后羿一样的英雄，愚公一样的坚韧不拔者。于是太阳落了九个，上天也快点把王屋、太行二山搬走了。自然向人类投降了。仓颉造字其威力何止于愚公移山，自然上天降粟，鬼魅惊哭了。

汉字形近者很多，抄书刻书往往出错。如"鬼夜哭"有的就写成"兔夜哭"，"鬼"和"兔"形近，就错了。这是明显的错误，可是还真有人牵强附会地解释。说兔子所以夜里哭，是担心它的毛要拔了去做笔。可是他忘了一点，字的出现和毛笔并不同步，毛笔要晚得多，中国最早的"笔"是在甲骨上刻字的刀子，兔子没必要为自己的毛皮而担忧。再说，鬼在夜里哭，是因为白天不敢出来。那么，兔子有什么必要一定要在夜里哭呢？望文生义，竟然会闹出这样的笑话。

文字的出现，对人类文明进步的影响，不管怎么估计都不为过。信息传递手段的更新，大大促进了人类文明的发展。因之人们就对文字产生了一种原始的崇拜。过去人们敬惜字纸，不可随意处理，虽然近于迂腐，但也反映出人们对文字和文字创造者的崇敬。既然文字的创造可以让"天雨粟，鬼夜哭"，那么，它也就有了祈福避邪的作用。

《茶香室丛钞》里记载一个故事，明末清初有一个叫赵继抃的人，起兵反清失败，不屈而死。他的书法很好，他死后，他写的字烧成灰喝下，可以治疟疾。如果说字烧成灰可以治病，这当然是无稽之谈。要是果真有疗效，那大概也是因为他用的纸墨含有药物成分，烧成灰服下正好对了症。这个故事，实际上反映了人们对赵继抃这位民族志士的崇敬和对文字的变相崇拜。俞樾也看到了前一点，说"按正气自足祛邪"（当时还认为疟疾是邪气）。他同时也提出了怀疑："然古来忠臣义士，遗翰犹多，何此君笔墨之独灵邪？"

人们相信文字有驱鬼避邪的力量。

《香饮楼宾谈》里说，元朝一位宰相松筠，能一笔写成一个虎字，挂起来可以驱鬼。他临终的时候，忽然睁大眼睛说："接我去阴间的仪仗从人已经到了，因为我家里有三只虎，他们害怕不敢进来，快把三只虎赶走。"家里人不理解他说的老虎指的是什么。后来从篓子里找到了松筠写的三个虎字，这才明白了，就把这三个虎字移到了别的屋子里。再一看松筠已经死了。文字当道，鬼魅退避三舍，"虎"字比真虎还厉害。

正常的字可以驱邪，异字怪字类似画符更有威力。《明斋小识》里记载，有一年七月，谣传要流行瘟疫，于是家家门上写"籱""籱""籱"三个字，这样就可以免灾。嘉靖年间，人们又都喜欢悬挂"籯""籱""籱""籱"四个字，说是可以制妖。这些鬼画符，"意义俱无"，却被人们崇敬做了护身符。这些大概都是"天雨粟，鬼夜哭"的翻版和延伸。

古代书写用的一些符号

我们在纸上写东西，写错了字就涂去，或者用修正液改正。古代是怎么处理的呢？

宋人赵彦卫在《云麓漫钞》里说，古人书写有误，即墨涂之。看来宋人以前和现在差不多。但是也不尽然。隋朝宁赞碑最后有句话"终传令名"。在"令"字之后多写了一个"传"字，就成了"终传令传名"。于是就在第二个"传"字旁边点了三点，表示该字多余有误。说明在宋之前书写有误已经不是全用笔涂去了，当时就有了一种特殊的符号。

宋朝司马光书写时出现了错别字或多余的字，就在字的旁边标上一个"卜"的符号，是"非"字的一半。也有写作"ミ""、"的，还有写作"卜"的，俗称"卜煞"。据赵彦卫的看法，"ミ""、""卜"都是"卜"的简化变体。

到了清代这些符号又不用了，转而采用墨涂，又复古了。（见《茶香室丛钞》）

司马光为什么选择半个"非"字来作误书的符号呢？古人没有答案。那么，我认为是不是可以这样推断呢？"卜"

是"非"的一半而不是全非,也就是似是而非。我们在书写时出现差错,无非是错字、别字、多余的字三种情况。错字多半是错在少一笔多一笔或者偏旁部首有误。别字多是与正字同音、音近或者形似的字。多余的字也大多与文句有关(如"终传令名",其中有"传"字,下面又误写一个)。可以说这三种情况与正字都是有关系的,不是风马牛不相及,不是面目全"非",是面目半"非",所以用"𰀀"来表示误书是有一定道理的。

书写中遇到重叠的字,过去第二个字是可以省写作"二"的,后来又简化成"〻"。"二"大概就是数目字的"二",意思是某字的第二个。但又不能完全写得像"二",一般都是上下两横长短差不多,下横稍长一点点,不是一个标准的"二",不然会发生混淆。因此李清照的词《声声慢》开头就可以这样写:"寻〻觅〻冷〻清〻,凄〻惨〻戚〻。

平时这样书写是可以的。科举考试的时候就不行了。清人陆以湉在《冷庐杂识》里提到过这样一件事。江西举人姚近,在科举考试作文章的时候,重叠字的第二个字没有重写,而用符号做了替代,结果被认为违背了考试规则。后来武进的刘文定复查这件事,认为重叠字第二个字是否要重写,没有明文规定,但是举子考试作文章应当严肃慎重,不能和平时写文章一样用两点省略代替。并且就此事要求颁布法令,不得以两点省字。看来过去有一种不成文的规定,凡是私下写作书札往来,大概可以用符号代替重文,比较严肃的文字,如考卷、奏折、公文之类不能以两点省略重文。今天依然如此，不过又增加了"々"，这个符号很可能就是两点上下连写演变来的。

　　古书中如有脱字，就用"△"或"□"表示，现在翻印古籍时仍在运用，脱多少字就用多少符号。目前更多的是用说明的方法："原书脱二十五字""以下脱五字"。如有意删节，就注明"以下删×××字"。